韵冽看风流

高韵冽 著

文汇出版社

图书在版编目（CIP）数据

韵冽看风流/高韵冽著. —上海：文汇出版社，
2010.7
  ISBN 978-7-80741-955-6

  Ⅰ.①韵⋯ Ⅱ.①高⋯ Ⅲ.①女性—名人—生平事迹
—世界—通俗读物 Ⅳ.①K818.5-49

  中国版本图书馆CIP数据核字（2010）第135724号

韵冽看风流

著作权人 / 高韵冽
责任编辑 / 熊 勇 吴 斐
装帧设计 / 刘 啸
插 画 / 魏 克

出版发行 / 文匯出版社
        上海市威海路755号
        （邮政编码200041）
印刷装订 / 苏州华美教育印刷厂
版 次 / 2010年7月第1版
印 次 / 2010年7月第1次印刷
开 本 / 787×1092 1/16
印 张 / 12.5
印 数 / 1-10000

ISBN 978-7-80741-955-6
定 价 / 39.00元

印象韵女郎

共合网 CEO 周晓

21 世纪第十年。无锡太湖。一个仿佛来自民国第十年的女子。按自己的规则写了一本书。余音绕梁。

我喜欢读历史，其实是喜欢翻看战争杀戮和王朝兴替的底细，并不喜欢点评类的书，何况是点评女流，我只是为了写序才去反复看这本《韵冽看风流》，然而读了五六遍，我的确开始喜欢了这本书。喜欢了才发现如同面对情人反而不会说俏皮话，为《韵冽看风流》这本书写序是一件很难的事：作者高韵冽不是社会作家，意不在郭沫若式的微言大义，不能用作家的伪善人格当标准；不是历史学家，意不在易中天式的爆料取宠，不适用史评的流行标准去掂量；不是艺人出书，意不在 ××× 式的卖弄文采，似也不能用名人的作秀恶俗去比较。

看得出来，她对历史的研究是极不专业的：但凡用典，必是依据最没有史实根据的传说；但凡求证，必是选择最骇人听闻的版本；但凡立论，必是创作最离经叛道的观点；起头的几个古典女子，是史料和想象和在一起自由发挥的，后面的几个外国女子，是连电影情节都当作事迹引用的。此前还从来没有哪本书里可以把文姜陈璧君蒋碧薇和玛丽莲·梦露放在一起晒的，该女子以无知无畏的气势放笔评史，忒大胆了忒刁钻了也忒不把历史放在眼里了！

可是，女人写历史文学难道还需要谈证据吗？她用女人不讲道理的直觉打败了历史学家引经据典的考据。再说历史考据本身就是人类的无聊，只有几个最具死心眼气质的专家还当回事儿，一句话掰成七八句说的百家讲坛早已充塞市面，大部分历史文学是写的人无耻、看的人无辜、看不完无妨、看完了无用。极其看不惯自以为是的大师强努着幽默絮叨"那些事儿"，所以那天在旧书摊发现"当时明月"已经在论斤卖了感觉实在痛快。这年头我宁可相信韵韵，韵韵只是想写了，于是就按自己的章法去写了，没有规范的东西写出来自然是信马由缰不按牌理欺负潜规则的。一本书写得好看很要紧。写自己的历史书，让历史们去郁闷吧。

《韵冽看风流》是一本点评二十个历史女人的感情的书，有点理性不算枯燥，有点颠覆不算离谱。看得出韵韵对风流的概念有非常独到的见地，显然都用感情是否圆满作为人生成功判别标准来评估这二十个女人，这点很有意思，毕竟是个女人嘛；估计是为了声援她父亲的作品，书中还加了一些教育元素，这点也很有意思，毕竟还是女儿嘛。当然历史上这二十个风流女人各有另一副面孔，并不是整天都在谈恋爱的。那些红颜都已经离开我们几千年几百年至少也有几十年了，她们的真实历史是怎样的其实很不重要，现在她们的任务就是给韵韵写书做题材的。韵韵只是挑几个死无对证的奇女子，掀开了她们的道德面膜无拘无束地评述她们的纯感情，借题发挥谈自己的思想罢了。她推理的情节很合理，她点评的逻辑很精辟，所以她们必须是韵韵笔下的样子。虽然也不妨当史评看，但这本书绝对不是史评书，实质上这是一本关于人生和感情的教科书，这是把握这本书的重点。

韵韵将那二十个红颜命名"风流女子"，用这个词形容女子，确有三分香艳可人，也有一丝难以名状的伤感。掩卷闭目，想象着时间不语，千年一叹，世界正在很科学地老去；想象着红颜如水，芳华刹那，她们终归都是消逝了的前人。一叹之后，接下来打算分组点评一下韵韵对二十奇女子的点评：

第一组是为爱痴狂型的，挑文姜做春秋时代形象代言人选对了，这个很希腊很海伦的女子真的应该正名，甄氏有文姜的阅历没有文姜的心态；鱼玄机有文姜的心态没有甄氏的好运；高阳公主有文姜的阅历文姜的心态甄氏的好运，但是和鱼玄机一样缺心眼。蒋碧薇是近人古意，风流得没有烟火气，这一组都是精品，第一组组长当然是文姜。

第二组是风流政客型的，吕雉给历史学家糟蹋得不成样子了，韵韵的角度很创新很公道，虽然有些没谱；太平公主和韦后有点选材重复，还不如直接写武则天过瘾；陈璧君其实很有个性也写得非常有意思，但是我觉得这篇不该写，就如三毛不该写《滚滚红尘》，原因不说了；秋瑾题材很好，但是写得不好，作者没有那种体会，老生常谈罢了，甚至也没怎么谈到点子上。第二组组长可能还得算陈璧君。

第三组是绝代名伶型的，李师师把皇帝当嫖客这篇写得极其经典，是代表作；赛金花题材也许太热门吧，没什么出彩之处；写胡蝶的这篇文笔总觉得有点异样，好像是凑数的一篇，写得勉强了没感觉，观点也有点和林徽因篇犯了；梦露就是西方的鱼玄机；杜拉斯又是现代的文姜。总觉得出现几个外国人坏了全书格调，看官也会没有感觉的，不过韵韵愿意就这样吧。第三组组长自然首推李师师。

第四组是浪漫名媛型的，这也是韵韵最擅长的领域了。林徽因我不说了；李清照从富二代角度看相当别致，李清照看到也会将韵韵加为好友并有空找她唏嘘一场；韵韵喜欢张爱玲，喜欢和张爱玲一样躲在闺阁自得其乐地冷眼看世界或者独眼看佳人，看得出来张爱玲这篇最是用了心写的，副题很让人伤感，刻意要错过并不好玩，张爱玲就是这样把自己玩残的；王映霞的伪爱才和酷爱红杏出墙是民国时代的社会现象，读来相当耐人寻味；可可香奈儿我不熟，所以这篇怎么看都像韵韵在说自己。第四组组长就花落可可香奈儿了。

世间奇女子何止千百，韵韵挑出这二十个韵女郎，是很用了心思的，我问过韵韵，为什么只是这二十个女人？韵韵说，这是她心目中比较有个性的女人，也是有代表性的女人。韵韵平时很可能就喜欢不着边际地假设自己是前朝的哪个谁，看得出来书里已经不自觉地把自己套进去了，于是写进了自己的人生观和感情观。漫不经心看这本书，就能看明白一点点女性心理；用心看这本书，顺便还可以把韵韵也读个半懂的。

很惊奇她的专业——不是指历史方面的专业——说她专业是指二十来岁的她,分析女人心态怎能恁地超专业！按理说她也是和韩寒同龄人，韩寒之流还在十年如一日地扮酷装冷做老到状地卖弄钱钟书式的冷幽默，这女子已经知道用旁观者的简练方式自然流露自己的心情；会心她的文笔，一如她平时的语调，随心所欲而随处机锋，清淡如茶而妙语如珠，至纯无邪而睿智无痕，看她的书犹如听她说话，听她说话也像看她写的书；当然更欣赏她的性格，我在看这些文字的时候，是把她们都当作韵韵的化身的。我想，这就是她自己的二十个侧影写照吧。

对比二十个韵女郎中，韵韵比较接近从前的民国女子，像是林徽因的2.0版。她家的客厅，也差不多被高老师和她弄成"韵韵客厅"了。但是，韵韵是另一个精灵，韵韵和林徽因在骨子里还是截然不同的两个人。可惜，林徽因远去了，我犹未在；高韵冽初长成，我已老了。

在我眼里，那个叫高韵冽的女子，就是完全可以和她书中那二十个人媲美的第二十一个韵女郎，而且，因为她活在当下，更是鲜活灵秀。这种气质女子，几乎是可以想也不想直接娶回家藏起来的。当然我无意把序言变成情书，我只是坏坏地怂恿别人。此女将来不知花落谁家！

这个时代，林徽因固已不会再有，高韵冽就是最后的那个天使。

写在《韵浏看风流》前的话（代序）

一、我的风流观

风流，人心向往之。

男人之风流，自古以来受世俗文化的鼓励，他们的风流大致体现在三个方面：文字上畅所欲言，感情上游刃有余，职场上如鱼得水。

在我看来，这三种风流指向同一个结果——自由。

自由的最大化，是风流最根本的原因，也是风流最动人的地方。

越风流，越自由；越自由，越风流。

自由，一部分靠法律和制度的保障，如人身安全、种族平等；一部分靠自己争取，如经济独立。

自古以来，女人比男人自由少得多，风流也就难得多。

即便如此，历朝历代仍不乏追求自由和幸福的女人——我不认为有不自由的幸福。她们有的微笑成功，有的失败告终，无论如何，她们努力过，抗争过，也可以说，风流过。

从心底里，我是敬佩她们的。

风流女子太少，使我不得不详究每个人的得失来吸取间接的经验。

希望我书中的些许意见可以给同样向往风流的你们一点启示。

二、我的教育观

我不得不感激地说，今天的我，我的思想、我的作为，很大程度上来源于我的父母、我的家庭教育。

关于我的家教细节在爸爸去年出版的《精养女儿实验报告》中有具体描述和分析，这里不再赘述。

我想特别说明的是，《精养女儿实验报告》讲述了一百个故事，似乎反映了一百个道理，千道万理，归根结底三句话：培养独立的思想和人格，培养高品质的情商，打倒分数教育。

这三句话又可以归结为一句话：追求根本自由的最大化。

独立思考方能自由思想；良好的人际关系使个人自由在社会中最大程度发挥，并且有利于创造财富以增加时空支配能力；从分数教育的包围中解放出来自然是一大自由之快。

对此教育，我深感其惠，深表赞同。

我觉得，自由的价值绝不在于实际得到了什么，而在于任何时候都拥有这"得到"的权利。

权利比权力更可爱。

我将毕生追求自由，追求尽可能的权利。

我由衷地热爱和关注那些同样追求自由和权利的优秀女性，包括此书列举的二十位。

谨以此书，向无数这样的女性致敬！

三、 我的历史观

历史，从来就没有足凭足据过。读历史，能读到的，只是写历史的人的观点和态度。正史也好，野史也罢，抑或时不时推陈出新的种种"揭秘"，无一不是后人主观的推测和想象——以史实和客观的名义。

历史，在每个人心里，应该不是一模一样的。

此书，也许可以让你读到二十个鲜艳女人的片段历史，更多的，让你读到我。

此书，仅代表本人观点，最终解释权归本人所有。

高韵冽

妈妈的画像

照片上的女人挺漂亮吧，但是我敢说，她本人比照片更漂亮，有众多熟人为证。

妈妈是我认识的第一个女人，一个漂亮、丰富又强势的女人，一个精彩的女人。

从她开始，我对女人们产生兴趣，并进行思考，得出一些同样有趣的结论，部分结集成此书。

妈妈是我灵感的源泉，是我多年来观察、分析、比较的第一人选。

此书出版首先要感谢她。

妈妈身上有着强烈的冲突性。她敏感却不矫情，执著但不钻死胡同，柔美却也豪爽，计算但不算计。

基本上，妈妈身上的这种冲突性是优质的，让她丰富而生动。虽偶有失误，冲突失调，因概率较小，瑕不掩瑜。

这张照片上的妈妈温柔有余，强势性格表现不足。生活中的妈妈要有气势得多。

幸福的家庭是相似的，想必精彩的女人也如是。历史如筛，能被记录下来的人和事太少。

在我心里，妈妈是不能被遗漏的精彩女人。故以此画像为念。

更多详情，请听下回分解。

目 录

印象韵女郎

写在《韵冽看风流》前的话（代序）

妈妈的画像

一、文姜　闻文姜识春秋

爱上春秋时代，从爱上文姜开始。我喜欢有着单纯的性格，但生活经历复杂的人，文姜仿佛就是这样的女子；我喜欢开放的社会，即便有些混乱，但是有更多的出路和宽容，春秋仿佛就是这样的时代。走进春秋，我认识了文姜；亲近文姜，我爱上了春秋。

文姜的一生，可以说跌宕，可以说精彩，可以说幸运，也可以说不公。总之，她的确生活经历蛮复杂的。文姜是春秋强国之一齐国的公主，生得很漂亮，又很有才华。

《诗经·郑风》里的《有女同车》这样形容文姜："有女同车，颜如舜华。将翱将翔，佩玉琼琚。彼美孟姜，洵美且都。有女同行，颜如舜英。将翱将翔，佩玉将将。彼美孟姜，德音不忘。"怎一个美字了得！

难得的是，她的才华不仅体现在吟诗作对的灼灼文采，更是能够治理国家的君王之道。文姜辅助儿子执政期间，任人唯贤；"长勺之战"，她出谋划策，以弱胜强，力挫齐桓公，保住了儿子的王位，维护和扩张了夫国的尊严和利益。用现在的教育路径来想象，文姜应该是北大中文系本科毕业，随后入学哈佛 MBA，再去西点军校进修几年，方能同时具备这样的文学修养、管理经验和军事智慧。当然，这是笑话。文姜不可能上现代的学校，但她的见识和能力却远远超过了现代人。

文姜留名青史，不仅仅在于她的美貌和才华，主要在于她的男女关系史。用"男女关系史"来表述这个问题，着实让我费了些心思：因为它们既不是婚史，也不是恋爱史，有的事情甚至根本不曾发生过，但却真实地影响了文姜一生。

文姜最早许配给郑国世子姬忽，原本郎情妾意的美事被"齐大非偶"的莫名传言一举破灭，惨遭退婚。这"齐大非偶"用现在的话来说，大概就是门风不好的意思，不贞洁。说处女不贞洁好比说贪官很廉洁，都是大大的笑话。

文姜被这个笑话气病了，后来索性真正"齐大非偶"起来，同自己的异母哥哥姜诸儿私通。文姜后来嫁给了鲁国的鲁桓公，着实相夫教子地过了十多年，但是从未忘情于哥哥。十八年后，文姜寻机与鲁桓公一起回到齐国，不但与旧情人姜诸儿复燃爱火，为了长久地在一起，更是合谋杀了亲夫。之后，与她的哥哥情人欢愉了好些年，直至哥哥败了国，丧了命。这期间还有个小插曲，按说文姜是鲁国的夫人，没道理一直住在娘家。文姜为了和哥哥私会，在两国边境鲁国境内修了行宫，姜诸儿在两国边境齐国境内修了行宫，两个人就这么今天你住我这，明天我住你那地"亚同居"着。

这让我想起了以前参观的一套别墅，主人房有两个，分别在大大的浴室两边。售楼小姐说，一边是男主人，一边是女主人，他们可以互相邀请对方去自己的房间过夜。真是浪漫的想法！不知道有多少人会买那样的房子，但是文姜和姜诸儿倒是实践了这样的生活。

《诗经·载驱》这样描绘两人出行的情景："载驱薄薄，簟茀朱鞹。鲁道有荡，齐子发夕。四骊济济，垂辔沵沵。鲁道有荡，齐子岂弟。汶水汤汤，行人彭彭。鲁道有荡，齐子翱翔。汶水滔滔，行人儦儦。鲁道有荡，齐子游敖。"那明媚的心情和调笑的风情跃然纸上。

畅快的好日子注定不久远，尤其是把自己的快乐建筑在别人痛苦之上的畅快更是毁灭得快。姜诸儿被自己的大臣杀了。文姜风花雪月的日子也从此结束。收起风情的文姜一转身变成了卓越的政治家，回到鲁国，帮助儿子把国家治理得很好。

就是这样的女子，仿佛始终在好女人坏女人之间徘徊，在得意和不公之间游离。被人无辜诋毁的时候，她楚楚可怜；与兄偷欢时，她令礼教不齿；相夫教子时，人感叹她终于"从良"；谋杀亲夫的时候，人不免谴责她太无情、太黑心；与哥哥时隔多年，但欢愉如初，又不免让人怀疑，也许只有他们之间才是真爱，虽然这真爱伤害了他人，违背了伦理；她骄奢糜烂时，担心她终究要亡国；她治国的时候，又对她刮目相看——原来骄奢女还是可以当家的哦！

复杂的人生，未必出自复杂的主角；相反，我始终相信，文姜的天性极单纯。她单纯地坚持自己的所要所爱，这坚持带着大刀阔斧的果断和不怕牺牲的残忍。她不是心思缜密之人，也不是瞻前顾后之辈。当她抱起钟爱的爱情西瓜的时候，不但毫不犹豫地扔掉其他种种芝麻，如丈夫，如名誉，如礼教；连西瓜藤也狠狠拔掉，眼睁睁看着哥哥荒废国业，死于非命。

以她的聪慧，未必不知道后果；以她的决绝，她一定不怕人评说。做贤妻良母她不是不会，只是不愿；勤勉治国她也不是不会，只是当时不愿。

文姜的美，带着罂粟花的气息。

文姜的美诱惑了我。

更让我神往的，其实是春秋，那个遥远而宽容的时代。文姜这样的女人在其他很多朝代是活不下去的。虽然她做了不少错事坏事，但是春秋时代好像一个宽容的父母溺爱独生女儿一样，不但没有责罚她，还处处包容她、掩护她，并且用那么美的《诗经》记得她的好。我始终认为，评估一个社会、一个时代、一个民族好不好，不是看它对"好人"怎么样，而是看它对"坏人"怎么样。

有两个感人的故事为例：二战时期，德国在苏联战败，苏联老大妈把德国士兵带回家，善意地给他们吃穿，虽然她们自己的儿子们正是死在这些人的刀枪下；一对美国夫妇，儿子死于其中国同学的枪下，但是他们仍在法庭为杀人犯求情，希望不要再损失另一条生命。

春秋是混乱的，战乱纷争，但是因了这点宽容和开放的好处，无损在我心中的美丽。

韵冽眼光看文姜：

1. 用现在的教育路径来想象，文姜应该是北大中文系本科毕业，随后入学哈佛MBA，再去西点军校进修几年，方能同时具备这样的文学修养、管理经验和军事智慧。

2. 复杂的人生，未必出自复杂的主角。

3. 文姜的美，带着罂粟花的气息。

4. 评估一个社会、一个时代、一个民族好不好，不是看她对"好人"怎么样，而是看她对"坏人"怎么样。

二、吕雉　忠贞的副作用

最初知道吕雉，是她的发明专利——人彘。她在刘邦死后，将刘邦宠妃戚夫人的手足砍去，挖眼烧耳，喂哑药使她变哑，并置之厕中，任其哀号直至三日后气绝。当时我的第一反应是，千万不能给人当小老婆！

不能不说，吕雉是个伟大的女人。早年，她忍辱负重，扶持刘邦建国立业，刘邦死后，她表现出卓越的政治能力，做了十几年实际上的女皇。她的历史功绩多有记载，不再赘述。

吕雉是个可怜的女人。她二十岁时奉父命，嫁给比自己大十五岁的刘邦（有史记刘吕二人相差二十一岁）。跟了刘邦没过上一天好日子，种田、入狱、当人质，即使后来回到刘邦身边，也是"留守夫人"，并无夫妻之实。她只有妻子的义务，比如孝敬公婆、勤俭持家，甚至代替刘邦当人质；却没有妻子的权利，丈夫身边的女人始终不是她，连她儿子的太子位也险些不保。她的丈夫不爱她，她的儿子似乎也不爱她，刘盈即位后不满母亲，不理朝政，后来很快就抑郁而终了。

与同情弱者比起来，我更同情可怜的强者。弱者的"弱"，很多时候是因为自身的不作为，所谓"哀其不幸，怒其不争"；强者的"弱"，更多的是无能为力。

吕雉对刘邦无能为力。吕雉初始也贤惠，又善谋略，但这"德能兼备"的优点都敌不过戚夫人燕燕细语的力量。刘邦对发妻吕雉无情无义，需要她的时候稍加利用，不需要的时候一脚踢开。这"一脚踢开"不是比喻，而是事实。刘邦在逃亡过程中多次将吕雉和孩子丢下，幸亏有大臣营救，否则早就死无葬身之地。以至于，吕雉和刘邦后来的关系不像夫妻，更像忽敌忽友的博弈双方。方向一致时，他们团结，比如杀韩信；方向不一致时，他们较量，比如废立太子一事，刘邦最后没有废太子，不是因为对吕雉或太子留有感情，完全是因为她们在朝中的力量已经无法撼动，他只得被迫妥协。

我觉得，吕雉在后来的统治过程中疯狂地"灭刘扬吕"，固然有其政治需要的原因，很大程度上，也是对刘邦的报复。越残忍的报复背后有越深的恨，越深的恨背后有越多的付出。吕雉在刘邦身上，实在付出的太多，而获得的太少。即使有所获得，也是她自己靠权利斗争得来的，并非刘邦自愿给予，这样的获得，是不会感恩于人的。

厉害的人，总有超乎常人的欲望，以及实现这些欲望的机会和权力。性是不能被忽略的部分。吕雉似乎是个例外。除了与一起被俘虏三年的审食其稍有来往，未曾听说吕雉还有其他男人。跟武则天、孝庄、慈禧、贾南风等等所有其他的女性统治者比起来，吕雉"干净"得有点过分。

由此猜想，吕雉是个忠贞而坚毅的女人。这种忠贞也许因为是结发夫妻，更有从一而终的自我约束；也许是共同"打江山"的不甘心，不甘心中途离场，把皇后的位置让给她人；也许仅仅是她性格使然。不管原因是什么，忠贞的人总是坚毅的，没有这份坚毅，忠贞守不下去。恶劣的处境难熬，无情的空闺更难熬。能熬下去，守住忠贞的女人总是有特别的支撑，这支撑或者是理想，或者是报复，也可以说是把报复当理想，或者兼而有之。

我想，吕雉是第三种人，理想和报复兼而有之。报复刘邦和他的族人、女人，以建立吕姓辉煌为理想。

我又想，如果吕雉不是那么"忠贞"，是不是报复会少一些？我认为是的。"忠贞"让她的心灵寂寞到干枯，干枯到没有知觉，而她做这些，似乎都是自愿的。我相信，一个可以对自己很残忍的人，必定会对别人很残忍。"严于律己，宽于律人"实在太难，大部分的情况要么是"严于律人，严于律己"，要么"宽于律己，宽于律人"。她可

以这么严苛地对自己，甘守几十年的寂寞，"谋杀"自己的时间和幸福，杀起别人来自然不会手软。

"忠贞"让她的地位更高，好比廉洁的官员打击同僚会比贪污的官员更有自信和力量，也更容易得到群众的支持，因为不曾授人以柄。加上她是开国皇后，在朝中的政治资本更多，要打击报复谁也就更容易了。试想一下，如果吕后自己情人多多，她还敢仗着发妻的身份，这么对待丈夫的小老婆戚夫人吗？不但自己下不了手，朝中非议也会让她下不了手。即使要杀，也只敢暗杀，哪敢这么明目张胆地把人做成人彘。

忠贞，象征一种正义，守着忠贞的人，如同掌握了正义。当他们用忠贞的武器打击别人的时候，仿佛是正义战，打击得那么心安理得。

由此我想到美国一个心理医生的实验。他组织二十名哈佛学生，分成两组，各十人，一组扮演监狱看管，一组扮演囚犯。在经历了仅仅三天的模拟生活后，所有十名监狱看管无一例外地开始折磨和虐待另一组十名囚犯，而在此之前，这二十名学生完全不认识。所以实验结论是，在这种身份的暗示下，监狱看管认为自己代表正义，而对方是邪恶、肮脏的，必须受到强权管理。他们有义务、有权利用任何方式对待囚犯而没有心理负担，不受道德谴责。

忠贞，如果用来坚守一样不值得坚守的东西，等待一个不值得等待的人，是有副作用的。这种副作用，不是在沉默中爆发，就是在沉默中死亡。爆发者如吕雉，死亡者如王宝钏。所以，吕雉疯狂报复了，而王宝钏，苦守寒窑十八载，等到薛平贵带着娇艳的公主回到她身边，给她正妻的名分后十八天，死了。

如果说，王宝钏的忠贞为的是理想，是丈夫衣锦还乡与她百年好合的理想，那还值得理解和尊重，虽然理想破灭，但我们不该怀疑和轻视曾经有过理想的人。

吕雉，不值得。

我希望回到汉朝，有机会跟吕雉聊一聊，开导她几句，也许历史就不一样了。

韵冽眼光看吕雉：

1. 与同情弱者比起来，我更同情可怜的强者。弱者的"弱"，很多时候是因为自身的不作为，所谓"哀其不幸，怒其不争"；强者的"弱"，更多的是无能为力。

2. 越残忍的报复背后有越深的恨，越深的恨背后有越多的付出。

3. 厉害的人，总有超乎常人的欲望，以及实现这些欲望的机会和权力。性是不能被忽略的部分。吕雉似乎是个例外。

4. 忠贞，如果用来坚守一样不值得坚守的东西，等待一个不值得等待的人，是有副作用的。这种副作用，不是在沉默中爆发，就是在沉默中死亡。

三、甄氏　娶妻不娶德

娶妻娶德，纳妾纳色。如果我是男人，未必会做这样的妻妾梦。一个女子，德色兼备，自然是妻妾的首选。可是，就有这样的女子，倾国倾城，三从四德，却不为丈夫喜，以惨死告终。

曹丕的老婆甄氏，美得惊艳。她的前夫袁熙，袁绍之子，三国前期望族出身。能入这样豪门的女子，才色自不寻常。"江南有二乔，河北甄氏俏"，甄氏之美，江湖尽知。袁绍袁熙父子被曹操打败后，曹操的儿子曹丕迷上了这个比自己大五岁的美人，纳为正室。

中国男人向来对女子的贞洁要求奇高，二嫁女人如同二手车，价值大大打了折扣。甄氏二嫁能嫁得如此人物，说明她即使"打了折"还是当时最高价值的女人。多年以后，曹丕的弟弟、曹操的小儿子曹植凭着对嫂嫂的特殊情怀，写下千古流传的《洛神赋》，为甄氏之美蒙上神秘的面纱，越发让后人遥不可及、浮想联翩。

总而言之，甄氏之美是普适的，又是稀缺的。如果甄氏是一部电影，肯定叫好又叫座，既文艺，又商业，既能得奖，又有票房。

寻常的美人多半自恋、自怜，带点自私，容易嫉妒，甄氏却以贤孝出

名。古代，评价大老婆好不好，只有两种人有发言权：丈夫和公婆。

对丈夫来说，贤惠的大老婆最应该做的事就是善待和管理好他的小老

婆，最好还要帮着多多娶小老婆；对公婆来说，孝顺长辈和多生子女

是为人媳妇最大的优点。甄氏克己为人，这几点都做得很到位。

起初，曹丕和曹操，以及曹操的两位夫人对甄氏都是满意的。

最近听一位年长的女性友人谈起婚姻的问题，颇得良言。她说，夫妻二人性格不合，也许吵吵闹闹，但未必不是欢喜冤家；夫妻二人如果门第、年龄、能力悬殊，也许磕磕碰碰，倒也未必不能善终；唯有一种情况肯定过不下去，那就是生活目标不一致，或者说，价值观不同。

甄氏的悲剧或许就在此，虽然她无力选择。

甄氏这个善良的女人，她孝敬长辈，爱护叔侄；她热爱生活，却不热衷权欲。她不仅自己这样做，还常常规劝曹丕也这样做。最初的甄氏因姿色为丈夫爱，婚后因宽容孝顺为丈夫敬，但终因在原则问题上一再违背丈夫的意愿而被弃、被杀。

不可否认，曹丕是做大事的人。做大事的人不会因为娶三两小妾就满足，他心中有更大的欲望，这欲望就是皇位。做曹丕的妻子，是否帮他娶小妾不是关键，是否帮他夺皇位才是关键。

甄氏没有掌握这个关键。

我想，甄氏没有掌握这个关键，不见得是她不懂得曹丕的愿望，而是她的德行、她的性情不容她帮助丈夫满足这个愿望。在她心里，手足亲情胜过皇位，父子诚信胜过皇位。显然，曹丕的想法是相反的。甄氏不但没有为丈夫出谋划策，反而规劝丈夫要忍让谦虚，并常常为曹丕的竞争对手曹植说好话。从某种意义上说，她妨碍了曹丕夺皇位。

生活的价值方向南辕北辙，这样的夫妻必定不幸福。

对于甄氏来说，更大的灾难在于她站在"德"的位置。我常以为，中国人比外国人复杂，中国人有太多只能意会、不能言传的心思。谋皇位、杀兄弟是曹丕的愿望，但是他不能说出这个愿望；亲善兄弟、礼贤下士、孝顺父母不是曹丕的真实想法，但是他必须如此表现。这个时候，"道德美女"甄氏的存在，对曹丕来说好比是照出自己妖相的镜子，不毁之不能倾泻心中的郁气。

所谓恼羞成怒，这怒的原因，多半是出于羞，且是不能改正的羞。

曹丕的一位妾，后来做了曹丕皇后的郭女皇，就是一个符合曹丕需要的女人。她也比曹丕大三岁，跟甄氏比，没有太大的年龄优势，姿色却差了一大截。但是，她和曹丕有着共同、一致的理想：一个想做皇帝，一个想做皇后。两人心往一处想，劲往一处使，在"创业"的道路上，郭女皇为曹丕献了不少计策，虽然有小人之嫌，但对曹丕的成功称帝起到了莫大的作用。

也许，做泱泱大国臣民的皇后，贤良的甄氏最合适，但是做曹丕的皇后，郭女皇才最合适。

甄氏是个悲剧的人物，她的悲剧在于，她没有错，也没得选。

唯一错的，是命运。

庆幸的是，我们可以选。

韵冽眼光看甄氏：

1. 中国男人向来对女子的贞洁要求奇高，二嫁女人如同二手车，价值大大打了折扣。甄氏二嫁能嫁得如此人物，说明她即使"打了折"还是当时最高价值的女人。

2. 古代，评价大老婆好不好，只有两种人有发言权：丈夫和公婆。对丈夫来说，贤惠的大老婆最应该做的事就是善待和管理好他的小老婆，最好还要帮着多多娶小老婆；对公婆来说，孝顺长辈和多生子女是为人媳妇最大的优点。

3. 做曹丕的妻子，是否帮他娶小妾不是关键，是否帮他夺皇位才是关键。

4. 所谓恼羞成怒，这怒的原因，多半是出于羞，且是不能改正的羞。

四、鱼玄机　被爱狂

鱼玄机是个极致的女人。她有极致的才情，五岁成诗，十二岁诗名动长安城，大才子温庭筠登门收她为徒。她有极致的美貌，她在咸宜观自觉为娼，艳名动长安城，门前车水马龙，贵族才子个个都想一亲芳泽。她有极致的堕落，不但放荡得"老少咸宜"，而且居然沦落到杀人，原因不过是因为她的丫鬟"偷"了她的乐师情人。

有人说，鱼玄机死于嫉妒，嫉妒一个不如自己，却更年轻于自己的女子。这话让我想起另一个著名的女人和她的婢女"情敌"。武则天将茶杯掷向上官婉儿的时候，想必心里也有相同的戾气。但是，武则天从那之后并没有为难上官婉儿，还让她继续当着自己的女官，要知道那时候的武则天已经是皇帝了，杀上官这么个女人，一点后遗症也没有，不比鱼玄机，须得一命抵一命。

听说武则天年轻的时候，受过同为太宗嫔妃的徐惠人的点拨，恍然大悟"以才事君者久，以色事君者短"，故她好学奋进，色与才兼而事之，遂成大器。

但是同样的道理放到鱼玄机身上似乎不起作用：她可是才貌双绝的呀。但是，当她满腹才情对飞卿（温庭筠的字）的时候，飞卿拒绝她，或许是不敢要，或许是不忍要，反正是没要；当她美貌鼎盛、多才又多情的时候，状元李亿抛弃了她，或许是怕老婆，或许是日久见异思迁；随后，千千万万的恩客亦没有一个为她停留，最后连小小乐师也偷腥背叛，那个时候她也才二十六岁，远没有到徐娘半老的地步，却输得这样一败涂地。

鱼玄机的运气似乎不太好，各方面条件这么优秀，但历经繁华，竟没有遇上一个真心爱她，愿意一心一意对她的男人。可见，才貌双全不但不是幸福的保证，有时甚至不能让人安然终老。

但是，我坚信，才貌不是命运的毒药，鱼玄机一定是在别的地方出了差错。

初看她的故事，我猜想，玄机应该是幼年丧父的。因为，她让我感觉到，她那么需要人来爱，尤其是男人的爱。鱼玄机对男人是不"挑"的，有才华的她爱，如温庭筠，即使他相貌丑陋；风流倜傥的她爱，如李亿，即使他没有男人的骨气；略有家当的"暴发户"她也爱，如李近仁，有《迎李近仁员外》的诗为证……

鱼玄机对于"被爱"的渴求大大超过了常人，没有爱活不下去，但是就像白血病人不能自己造出新鲜的血液一样，鱼玄机不能靠爱人和自爱来"造血"，她需要"输血"，强烈地需要被爱，被男人爱，即使这爱不真、不长，甚至是饮鸩止渴。

把爱情当作买卖是可耻的，但是把爱情看得和买卖完全无关是无知的。买卖，是人和人的关系及交换，爱情，某种程度上，也是人和人的关系及交换。古言道"若得君心似我心，定不负相思意"，翻译成白话，就是说，如果你像我爱你一样爱我，我一定会好好爱你。这是不是有

点像买卖？如果你的货是真的，我的钱也是真的。

买卖之人是讲究姿态的。"奇货可居"是一种姿态：我的货好，价钱自然得由我说了算。换过来说，清仓大甩卖，自然成了买方市场。鱼玄机这种接近"被爱狂人"的态度一定影响了她的姿态。遇到每一个男人的时候，她都迫不及待地暴露自己的"饥寒交迫"，但没有一个男人是上帝，为解决他人疾苦而来。

买卖之人是豁达的。"买卖不成情义在"，即使爱过的人不再相爱，即使对手抢了自己的生意，也犯不着耿耿于怀、损人损己。鱼玄机太像一个输不起的赌徒，穷途末路、丧心病狂。

才貌以外，幸福更重要的也许是——理智和目标。汉武帝的李夫人始终清醒而目标明确，病中的她自知色衰，更知色衰爱弛的道理，故不愿面君，为身后亲人谋得了更好的出路。武媚娘也是清醒而理性的，她虽嫉妒，但她更知道不值得为了一个面首而嫉妒。能克服天生的贪欲和劣性是成大事必备的条件。也可以说，在这两个女人心里，有除了比男欢女爱外更远大的人生目标。

鱼玄机，虽有才情，甚至有勇气挑战社会，"无逼自成娼"，内心，仍是一个小女人。

内心不强大的人如不温良，是活不下去的。鱼玄机，就是教训。

韵冽眼光看鱼玄机：

1. 就像白血病人不能自己造出新鲜的血液一样，鱼玄机不能靠爱人和自爱来"造血"，她需要"输血"，强烈地需要被爱，被男人爱，即使这爱不真、不长，甚至是饮鸩止渴。

2. 把爱情当作买卖是可耻的，但是把爱情看得和买卖完全无关是无知的。

3. 才貌以外，幸福更重要的也许是——理智和目标。

4. 内心不强大的人如不温良，是活不下去的。

五、高阳公主　偷情何用金枕头？

很小的时候就知道高阳公主和辩机的故事，一个唐朝公主与和尚的爱情故事。这样的感情自然不能被世俗接受，因为他俩犯了两重罪——婚内女近男色，佛门人近女色。所以事发后，辩机毫无例外地被腰斩，高阳因着贵族的身份虽然免于受刑，但心灰意冷，而后谋反，被处死，这是后话。

我是个"明白混账人"，晓得这样的"奸情"很危险，做不得，但仍想着总有办法做得"天衣无缝"，遮住世人眼。

新近阅读，看到了高阳和辩机事发的原因，真是阴沟里翻船。原来当时的公安局抓了一个贼，发现其赃物里有皇宫用品，一个金镶玉的枕头，为高阳公主所有。贼供出，此物从辩机处偷得。顺藤摸瓜，真相很快大白。这一个枕头不但让皇室颜面扫尽，还损了辩机的命，断了高阳的情。（之所以把皇室颜面放在第一位说，是因为我相信，在当时，它比后两者重要得多）

看到这里，我不禁要怪高阳不懂事了，她拥有那么多天时地利的偷情条件，怎么就断送在一个枕头上？要知道，高阳的确具备了很多女子无法企及的偷情条件。

首先，她出身高贵。身为当朝最受宠爱的公主，高阳从小在思想和行为上少受礼教约束，这才能培养自由的思想，萌发偷情的愿望，才让她敢把爱交给一个和尚。

其次，她有个"贤惠"的丈夫。房遗爱不但不管她偷情，还处处帮助她，偷情最大的障碍变成了最好的"同盟"。

再次，同样因为出身高贵，她没有寻常女子的种种义务，不需生养，不用洗手做羹汤，这才有偷情的时间和精力。

另外，高阳具有相当的才情和容貌。辩机的情，不是人人都偷得的。身为当时最有才华的男子之一，辩机不但容貌清秀、气质脱俗，而且因了和尚的身份，更是不入尘世，不同于一般的纨绔子弟。如果男人也可以是尤物，我相信辩机是当得起"尤物"一词的。由此可以推理，让辩机爱上，不是，或者说不仅仅是因为高阳公主这个身份，她本人，也是有才有色的可人儿。

还有，高阳的特殊身份让她可以调动更多的"资源"，做好"偷情"保密工作。

但是，还是败露了。因为一个枕头，一个公主的枕头，一个透露身份的枕头。高阳把辩机当成一个男人来爱，不记得他是个和尚；辩机把高阳当做一个女人来爱，忘记她是公主。但是，高阳没有忘了自己是公主，或者说，她不习惯自己不是公主。有的时候，身份像皮肤一样，紧紧贴着自己，不撕去的时候，感觉不到它的存在。身份是一种习惯，如同她习惯枕着自己的金镶玉枕头睡觉。这让我想起《西厢记》里的崔莺莺，她"送货上门"到张生房里的时候，仿佛也是带着自己的枕头被子的。

我真想走进历史，问问两位美女，难道如意郎君的被窝还是不如你们原有的，偷情的乐趣还不能让你们忽略这些"小资"的细节？我猜想，女人就是这样，不管西瓜多么大，芝麻也是不能不捡的。

我还有一个疑问，辩机如此聪慧之人，且与高阳相处多时，怎么就不提醒她，不要带着那个昂贵的枕头来偷情？好像张生也没有告诉崔莺莺，偷情来人就好，不用带被枕。所以我又猜想，这两个男人爱这两个女人时，并没有忘却她们高贵的身份，更有可能，这身份是一种特殊的春药，让感情发挥得更加浓烈。

最后提醒广大偷情者：出于安全考虑，偷情时，尽量舍弃特征用品，抽三五的改抽万宝路，用 CHANEL 香水的改用 DIOR 香水，喝五粮液的改喝茅台……偷情需要伪装自己，或者忘记自己，可是有几人可以做到？

可见，悲剧不是偶然的。

韵冽眼光看高阳：

1. 有的时候，身份像皮肤一样，紧紧贴着自己，不撕去的时候，感觉不到它的存在。

2. 女人就是这样，不管西瓜多么大，芝麻也是不能不捡的。

3. 身份是一种特殊的春药，让感情发挥得更加浓烈。

4. 偷情需要伪装自己，或者忘记自己，可是有几人可以做到？

六、太平公主　不可惜的悲剧

鲁迅说，悲剧是将人生有价值的东西毁灭给人看。照这个定义，太平公主的结局挺悲剧的。可是这悲剧，并不催人泪下，因为这悲剧，有咎由自取的味道。

站在旁观的角度，我不得不羡慕，太平公主的命实在太好了。

她生逢盛世，尤其是开放的盛世，这在中国历史上屈指可数。数来数去，也就汉唐两朝够条件。唐在后，自然文明发达程度更胜汉一筹。

她的父亲母亲先后做了皇帝，千古仅此一例。此前有报道说，希拉里竞选总统前两年反对她的女儿切尔西与其男友结婚，理由是：过两年我有可能当上总统，到时候你的身价就不一样了，可以有更好的选择。可见，即使在号称民主和平等的美国，父母一方是总统还是双方都是总统仍有天壤之别。

最重要的是，太平是武则天唯一的女儿。有个强悍的皇帝母亲，对儿子们来说未必是好事，从武则天四个儿子的悲惨命运就可以看出这点，杀的杀，囚的囚，放逐的放逐。但是武则天对唯一的女儿非常宠爱、庇护和信赖，终生未变。她的哥哥们起起落落，皇朝从唐改为周，又从周改回唐，她都是最尊贵的公主。手心手背，她都是最贴心的肉。

好
运

这样的天命，真是想怎么折腾，就怎么折腾。

虽说她的两次婚姻分别带着不同的政治色彩，但是似乎都不委屈她。前夫薛绍俊美而强干，后夫武攸暨谨慎而宽容，都是不错的驸马人选，不用说那些男宠，更是照着太平自己的心意挑的。

她的生活非常奢侈，没有势力的时候就已经"崇饰邸第"，有了势力后更是"田园遍于近甸膏腴"，家中的男女仆人有千人之多。据统计，太平公主一年聚财数目为全国的百分之十几至百分之二十。

太平爱弄权，并且始终有权可弄。武则天当皇帝的时候，经常与她商议朝政；三哥中宗当朝的时候，她因参与反二张有功被封为"镇国太平公主"，权倾一时；四哥睿宗即位的时候，她因参与反韦氏一族又立了大功，为睿宗倚赖。

钱、权、色，太平公主一样都不缺。

如果问太平的人生价值是什么，依我看，就是她这独一无二的好命。这命运好像丽人的姿容，天生美好，让人禁不住想保护下去。但是，如同美人自残面目，太平也没有保护好自己的命运。一生趾高气扬的太平公主，最后因政变失败，被睿宗的儿子李隆基赐死。

太平，拿了一副人生的好牌，却硬生生毁在自己手上。我是个不擅长打牌的人，拿好牌的时候也常输。思其原因，有二：一来，拿了好牌，容易轻敌；二来，常常惜牌，最好的牌舍不得出，最后反而"烂"在手里。太平似乎也犯了同样的错误。

太平在很长一段时间内，实力都大大超过李隆基。且不说武则天之后的混乱局面遍地是机会，那时李隆基年纪尚轻，根基也不稳，其他人的资历、智力、影响力都不是太平的对手；就是到了唐睿宗的时候，不但睿宗向着她，而且"朝中七宰相，五出公主门"。可是太平磨磨蹭蹭，多年弄权而不夺权，不知是小看了这个侄儿，还是怕伤了自己的羽毛，反正是错过了时机，待到李隆基发展壮大，一举杀了她。

这让我想起了一对截然相反的人物，慈禧和恭亲王奕䜣。奕䜣是咸丰皇帝的弟弟，文韬武略，不逊李隆基。但是慈禧比太平"牌技"好，当断则断，不但借故政变剥夺了奕䜣的所有权力，铲除了其所有党羽，而且就这么把他晾着，想用的时候随时还提得起。最后，奕䜣郁郁而终。

回首太平的政治生涯，虽然她历经几朝，始终生活在权力中心，但一直扮演了参与者的角色，而不是主导者，好比看猪跑与吃猪肉毕竟是两回事。这中间的区别直接影响了她在关键时刻的决断力。再者，太平出身富贵，所谓穿鞋的怕赤脚的，难免缺少穷人那种豁出去的劲头。这两点，都是她不如自己的母亲，不如慈禧的地方。我想，这也是她政治斗争失败的主要原因。

在权力斗争中，没有对错，只有胜负。参与了政治这个游戏，好像参加了奥林匹克运动会，得金牌才是正道。

没有这个能力，就不要参与这个游戏。

太平的失败很少被看作是悲剧，思其原因，人们对坐享天成的人总不抱有好感，何况是挥霍好运的人。

另外，悲剧的定义也许可以改成：人生有价值的东西被他人毁灭，给人看。好比自杀不算是谋杀罪一样，自己毁灭自身的价值算不得悲剧，而叫做，自作孽不可活。

韵冽眼光看太平：

1. 如果问太平的人生价值是什么，依我看，就是她这独一无二的好命。这命运好像丽人的姿容，天生美好，让人禁不住想保护下去。

2. 拿了好牌却输牌，原因有二。一来，拿了好牌，容易轻敌；二来，常常惜牌，最好的牌舍不得出，最后反而"烂"在手里。

3. 太平公主历经几朝，始终生活在权力中心，但一直扮演了参与者的角色，而不是主导者，好比看猪跑与吃猪肉毕竟是两回事。

4. 太平出身富贵，所谓穿鞋的怕赤脚的，难免缺少穷人那种豁出去的劲头。

七、韦后 画虎不成反类犬

从心底敬佩武则天。她那么骄傲地向世界宣示：女人，也可以堂而皇之做皇帝。在中国的封建史上，这是无人能及的标杆。犹胜过刘翔12秒88的世界纪录。如果说刘翔的世界纪录突破了人类体能的极限，武则天的历史纪录则彻底打破了男性专权的局面和思维定势，确立了女性权利的极限。

这女皇帝的标杆是一种鼓励，也是一种诱惑。后人如果学得其果，叫榜样的力量无穷大；如果学得不好，就叫画虎不成反类犬。

学习，或者说效仿，总是从身边人开始。离武则天最近的人之一，也是最有条件向她学习的人，就是她的儿媳，李显的皇后，韦氏。

韦氏跟着李显，前后做了两次皇后。第一次当皇后很短命，即位当年李显的皇位被废黜，她也跟着倒霉，被迁往偏远的湖北房陵，一呆就是十多年。这十几年的日子颇为难熬，生活艰苦，精神高度紧张，总担心着被武则天赐死。与李显的心惊肉颤、坐卧不安相比，倒是韦氏比较豁达，她劝李显说："福祸相依，总会变化的，为什么要想到死呢？您用不着这样害怕。"在懦弱的丈夫面前，妻子韦氏很有些见识和胆量。

果然，喜从天降，神龙元年，武则天复立李显为皇帝，韦氏又一次做了皇后。不多久，武则天也去世了。第二次当皇后的韦氏与第一次时不可同日而语，不但没了威胁，而且皇帝丈夫对自己言听计从。她不禁想，自己可以仿效武则天，做第二个女皇帝。

她这样想，也不是完全没有道理。韦氏自认为和武则天一样聪明，而且比武则天当年有更好的客观条件。她是名正言顺的皇后，不比武则天嫁了父亲嫁儿子，名分上引人非议；她的丈夫比武则天的丈夫（李治）更无能，更容易掌控，对她感情也更深；她还联合了当时另一大外姓势力集团，武则天的侄子武三思。内外结合，似乎成功胜券在握。

但是，还是输了，输得一败涂地，却也输得合情合理。

怎么能不输呢？武则天称帝时已经做了二十八年的皇后，实际操控政局二十五年，施政才能卓越，得到百姓和大臣的认可和信任，即使不称帝，也是实际上的皇帝。但是韦氏做皇后不过五年，不但没有任何建树，而且骄奢淫逸，不顾百姓死活。她虽然能玩些权术，敛些钱财，拉拢些不上台面的党羽，但治国是个庞大复杂的系统工程，不是单会一两个技术工序就能功成名就的。

韦氏和武则天最大的共同点是，都比丈夫聪明；最大的不同点是，武则天不仅比丈夫聪明，而且比其他大部分人聪明，甚至是当时最聪明的，而比韦氏聪明的人有很多，韦氏却不自知。

太简单，韦氏输在自不量力。

除去韦氏自身的天分、性格、品德缺失不谈，我隐约感觉，她的经历也是一大失败的原因。单将韦氏与武则天相比，就能看出很大的不同。

武则天委身太宗的时候，很有些锋芒和风光，这锋芒让她吃到了大苦头，尼姑庵无数个漫漫长夜就是惩罚。我猜想，这无数个长夜，除了等待，还充满了反省和筹划。重新回到皇宫的武则天并非简单的一跤跌入青云，她仍要面对危机四伏的环境。武则天一步步成功，充满了艰辛、狠心、忍耐和权衡。即使她当了皇帝，也压了重重重担，不能为所欲为。

如果画一条曲线，武则天的生命历程是"扬—抑—扬"，风光开始，接着被打压，最后咸鱼翻身。这后面的"扬"既有命运的眷顾，更有自身的造化。

韦氏不一样。她第一次做皇后过的并非好日子，十几年的煎熬，当青春耗尽，耐心濒临极限的时候，幸福突来，且来得那么汹涌和彻底，没有一丁点约束和警告。这样奢侈的幸福，怎能不殒落得快。

如果给韦氏也画一条曲线，应该是"抑—扬—抑"，先是无辜受挫，突然时来运转，最后毁灭告终。幸运之神也眷顾了她，却没有被留住。

过久的压抑，让平常的愿望像发酵的酒一样，越来越陈，越来越凶，也越来越醉人。酒不醉人人自醉，欲不撩人人自撩。十多年的放逐生涯是怎么过的呢？是不是有很多个夜晚，韦氏和丈夫一起，坐在月光下，数着星星，奢想着一旦回宫的好日子？有多少快活的事儿要享受啊，有多少仇恨的人要报复啊，如果真有这么一天，一定要让快乐无边无际、日以继夜地持续下去，才能弥补生活亏欠我们的过去。

幸福来得迅速而彻底，天下所有的一切一夜间都是我的！除了肆意地挥霍，我不知道怎样才能拥有它。

韦氏的命运，让我想起一些身边的人。他们年轻时吃够了苦：吃愁，穿愁，读书愁，性欲得不到满足，自尊也被埋没到尘埃里去。恍惚几十年，社会变化了，他们辗转成为了权利的中心，一夜间，尊崇蜂拥而至，金钱主动上门，女人随手可得，这样的春风得意，怎能不畅快？

这样的人，通常被称为政治暴发户。暴发户和贵族的区别，就是韦氏和武则天的区别。

暴涨的幸福感注定以暴跌告终。万物皆如此。

韵冽眼光看韦后：

1. 如果说刘翔的世界纪录突破了人类体能的极限，武则天的历史纪录则彻底打破了男性专权的局面和思维定势，确立了女性权利的极限。

2. 韦氏自认为和武则天一样聪明，而且比武则天当年有更好的客观条件。

3. 韦氏和武则天最大的共同点是，都比丈夫聪明；最大的不同点是，武则天不仅比丈夫聪明，而且比其他大部分人聪明，甚至是当时最聪明的，而比韦氏聪明的人有很多，韦氏却不自知。

4. 暴发户和贵族的区别，就是韦氏和武则天的区别。

八、李师师 把皇帝当嫖客

演员的地位靠奖项和票房肯定，企业家的地位靠利润和社会影响力肯定；妓女的地位，靠嫖客的"档次"决定。

决定嫖客"档次"的大致有三个方面：富贵出身、横溢才华、重权在握。综合这三大因素，宋徽宗当之无愧是史上档次最高的嫖客。他虽然治理国家不怎么样，但确是文艺尖子生，诗词歌赋无一不通，独创"瘦金体"，俨然书法界泰斗。当朝天子的他，出身和权势自不必说，名副其实万万人之上。遇见李师师的时候，宋徽宗正值壮年，想必也是一翩翩佳公子。

妓女的身价靠嫖客抬。有了皇帝嫖客的光顾和专宠，妓女李师师如同哈佛毕业的博士生，后者受最高学府的肯定，前者得到顶级专家的认可（皇帝女人之多、经验之丰，恐怕无人存疑，故称之为顶级专家），名满天下得"有理有据"。况且，哈佛博士生数量众多，而李师师绝无仅有，人亦以稀为贵，李师师的身价放到什么时候看，都不会比一个哈佛博士生低。

想要与皇帝睡一夜，单有美色就可能完成，但要得到皇帝专宠，则需有强大的综合实力。我相信，妓女的综合实力也分硬实力和软实力，硬实力包括容貌、身姿、才艺等可以被"打分"的因素；软实力包括性格、性情、分寸感、方向感等因人而异的因素。无疑，李师师这个女子，硬的软的都很有实力。

先说硬实力。有诗一首形容李师师的美貌："蝉眉鸾髻垂云碧，眼入明眸秋水溢。凤鞋半折小弓弓，莺语一声娇滴滴。裁云剪雾制衫穿，束素纤腰恰一搦。桃花为脸玉为肌，费尽丹青描不得。"

可以想象是怎样一个清雅娟秀、体态飘逸的女子。因父亲早亡，童年凄凉，李师师总给人一种淡淡的哀伤感，常着素服，轻描淡妆，这一切都构成"冷美人"的基调。李师师天资聪慧，精通乐理，更有一副好嗓子，她尤喜凄婉清凉的诗词，爱唱哀怨缠绵的曲子。俗话说音乐是没有国界的，音乐打动人心的力量也无法衡量，同时拥有了美貌和音乐的李师师，自然更加楚楚动人。

所以，在宋徽宗之前，李师师早已名动开封城，宋徽宗正是慕名而来。从这个意义上说，宋徽宗只是提高了她的历史地位，在当时，即使没有宋徽宗，李师师也是业界花魁。

不管什么年头，漂亮的女人都不少，有才的女人也不少，李师师之所以成为李师师，硬件过硬固然重要，软件突出才是关键。李师师的软实力有很多方面，我认为最关键的，是她对宋徽宗的态度。

李师师没有把徽宗当作高高在上的皇帝，而只把他当成一个嫖客而已。这样，她和他之间，变得很简单；她对他，也显得游刃有余。

固然，对于大部分女人来说，皇帝和嫖客没有本质的区别，皇宫就是一个最大最豪华的妓院，唯一的区别就是，皇宫里只有皇帝一个嫖客。所有皇帝的女人们，除了皇后略有点权，或个别皇帝真心喜爱的女子，其他都是妓女。可惜，大部分女人都不能意识到这一点。

皇宫里的芸芸女人们把皇帝当成"天子"，高高在上，只能仰望，不敢近触，恭敬地小心翼翼，这慌张害怕的样子自然没了风度，不讨人喜欢。

有的女人把自己对皇帝的影响看得过重，天真地希望贤德的自己和英明的皇帝可以一起流芳百世。汉代的班婕妤就是一例。

有个小故事，班婕妤不愿与皇帝同车，理由是怕辱没了皇帝的名声，因为贤明的皇帝应与忠臣同车，而不是与妃子同乘。班婕妤这么苦心经营自己和皇帝的形象，天真地以为自己可以有别于其他女人，无奈她的皇帝老公很不争气，不但左拥右抱赵飞燕、赵合德姐妹，为了不让赵合德吃醋，亲手杀死多个刚出生的儿子，他还爱男宠，留下"断袖"之名，昏庸得不像话。有了赵氏姐妹这样风情万种的准妓女（歌女出身），班婕妤从此失宠于汉成帝，最后孤寂地死去。

归根结底，她们都把自己当成了皇帝的女人。

李师师很聪明，她没有把自己当成谁的女人，而只把皇帝看作了她的一个嫖客，所以她很轻松地赢过了上面说的那些女人。

李师师以"冷美人"著称，她对所有的嫖客都是冷冷的，对宋徽宗也不例外。和后宫嫔妃的百般应承比起来，李师师的"冷"让宋徽宗觉得很新鲜、很刺激，很有凤求凰的快感。

宋徽宗第一次见她的时候，足足在她房里等到半夜，后来两人关系熟络了，宋徽宗也不是想见就能见得到她，一如所有的头牌妓女，李师师见客是看心情的，不得她的允诺，任你是皇帝，也只得望帘兴叹。这时候，我不得不感慨徽宗的可爱，一个皇帝能这么甘心当个普通嫖客，看妓女的眼色行事，倒是颇有嫖品和嫖道。

很多妓女碰上个稍微情投意合的男子就想上岸，即便对方并非真心，她们也会虚拟一个道德体贴的君子形象骗自己，以致跳入另一个苦海。

杜十娘就是其中的代表人物。她怒沉百宝箱的时候我就想，她这个身价，自己赎自己绰绰有余，为什么要把未来寄托在一个完全不靠谱的人身上？

李师师不糊涂。宋徽宗确实很喜欢他，想纳她为妃，李师师不答应。不得已，徽宗只好从皇宫修了暗道到她房里。用现在的眼光看，这皇帝倒还有点入赘的意思。至少，师师为主，徽宗为宾，主宾关系决定了谁更有主动权。

最令人叹服的一点，李师师有了宋徽宗以后，并没有完全被"买断"，还与其他嫖客继续来往，比如武功员外郎贾奕和才子周邦彦。

周邦彦躲在李师师床下偷听到宋徽宗与李师师的对话，把他们的对话填了歌词，居然由李师师唱给宋徽宗听。这个事引起了一些风波，但结局并无大碍，谁也没把谁怎么样。可见，李师师周旋的功力和"淡定"的心态——我干这行，任凭你是皇帝，也管我不得。

形容一个人老实，惯用"本分"一词，我想"本分"的意思应该就是，干好自己分内的事，没有其他欲念。依照这个解释，李师师是本分的。她了解，自己的存在本质的意义是什么。

不管宋徽宗皇帝当得如何，在嫖客这个角色上，他也是本分和恰当的，付出丰厚的钱财和怜香惜玉的温柔，得到美人琴瑟相合的回应，不强取、不豪夺。

韵冽眼光看李师师：

1. 李师师的软实力有很多方面，我认为最关键的，是她对宋徽宗的态度。李师师没有把徽宗当作高高在上的皇帝，而只把他当成一个嫖客而已。

2. 对于大部分女人来说，皇帝和嫖客没有本质的区别，皇宫就是一个最大最豪华的妓院，唯一的区别就是，皇宫里只有皇帝一个嫖客。

3. 一个皇帝能这么甘心当个普通嫖客，看妓女的眼色行事，倒是颇有嫖品和嫖道。

4. 形容一个人老实，惯用"本分"一词，我想"本分"的意思应该就是，干好自己分内的事，没有其他欲念。依照这个解释，李师师是本分的。

九、李清照　富二代的两极生活

富二代是最近几年才流行起来的说法。所谓富二代，顾名思义，就是富裕家庭的第二代人。改革开放才三十多年，富裕家庭还没来得及培养富三代，所以在如今的中国，富二代指代所有富裕家族出生的人。

如今的富二代比起古时候的富二代或是富 N 代（统称富二代），那是大大地逊色了。

首先，封建体制下的"富"和"贵"相连，那时候的有钱人大多是高官，官越大，权越重，钱越多，享受的社会地位越高，比起如今"纯有钱"的暴发户，富、贵集于一身的官僚阶级富得更有含金量。

其次，封建社会的财富两极分化更严重，从《红楼梦》就看出一点端倪，刘姥姥对王熙凤说，瘦死的骆驼比马大，奶奶您拔根毛，比我们的腰还粗呢。那时候的有钱人，可以随便买大量土地、宅子，还可以买大批丫鬟、小妾，可见穷人的"价格"之低，富人的钱之值钱。

另外，由于社会财富的两极分化，穷人没有读书的机会，而做官是需要读书考试的，也就是说，不读书就没有做官的机会，也就没有发财的机会。因此，只有官家才有钱让子孙们读书，子孙们读好书才可以再当官，这样"良性循环"，有钱人代代相传，时间久了，富二代变成了贵族。

李清照和她的丈夫赵明诚就是这样的富二代和贵族。两人的父亲都是宋朝高官，一位是礼部员外郎，一位是吏部侍郎，用现在的标准看，皆属部级干部。

这样家庭的富二代，鲜明代表一般有三种类型：第一类，就是贾政希望贾宝玉做的，好好读八股文，入朝为官；第二类，薛宝钗哥哥薛蟠那样的，仗势欺人，为非作歹；第三类，李清照、赵明诚这样的，当官的"主业"不发展，光发展诗词歌赋、奇石书画等"副业"。

不知道为什么，李清照和赵明诚总让我想起贾宝玉和林黛玉。一样的富贵出生，一样的情投意合，一样的超凡脱俗，一样的没落走向。《红楼梦》的伟大在于，它不但是小说，更是生活的缩影。这缩影可以投射到很多人身上，比如李清照和赵明诚。

与《红楼梦》开篇的繁华一样，李清照人生的开始也是绚丽的。

她确有才情，通音律、擅绘画，填词作诗信手拈来。难得又有开明的父亲母亲鼓励和欣赏，少女时期的李清照过得很惬意。

十八岁嫁人，丈夫赵明诚与她门第相当，志趣相投，两人一起研究金石、字画、诗词，生活得如同神仙眷侣。这样的神仙眷侣也不是没有忧愁的哦，夫妻短暂的分离让敏感多情的李清照写下这样的词句："红藕香残玉簟秋。轻解罗裳，独上兰舟。云中谁寄锦书来？雁字回时，月满西楼。花自飘零水自流。一种相思，两处闲愁。此情无计可消除，才下眉头，却上心头。"

看到这首《一剪梅》，我想起另一个小故事，萨达姆倒台后，她的女儿收到另一个国家的公主给她的信，信中抱怨说，新来的佣人如何不好，早上的咖啡居然是冷的。萨达姆的女儿回信说，亲爱的，能听到你抱怨这样的小事，我不禁羡慕，你的生活是多么美好！

李清照这时候的心头惆怅如同那冷却的咖啡，实在是幸福的烦恼。

和贾府的遭遇如出一辙，李清照和赵明诚的父亲双双在朝中失势，两家很快就败落了。更糟糕的是，政局动荡，北宋灭亡，李清照和赵明诚不得不举家南下，几经辗转，落魄到了杭州，在这期间，赵明诚也去世了。

晚年李清照写下千古"愁"句，"寻寻觅觅，冷冷清清，凄凄惨惨戚戚。乍暖还寒时候，最难将息。三杯两盏淡酒，怎敌他，晚来风急。雁过也，正伤心，却是旧时相识。满地黄花堆积，憔悴损，如今有谁堪摘？守着窗儿，独自怎生得黑。梧桐更兼细雨，到黄昏，点点滴滴。

这次第，怎一个愁字了得！"

这时候的李清照，跌到了人生的低谷，更可悲的是，这低谷处在她人生的尽头，也就没有了"触底反弹"的可能。

有人说过，真正的贵族是不需要工作的（特指为生计工作）。李清照和赵明诚大概就属于这样的贵族。虽然后来赵明诚也入朝为仕了一段时间，但是时间很短，也没什么作为，他的人生价值主要就是研究金石，李清照在他死后替他整理了《金石录》。

没落贵族曹雪芹写出了旷世名作《红楼梦》，由盛及衰的贵族没落史同样造就了中国历史最伟大的女词人李清照和金石专家赵明诚。

只有在小时候度过极好的日子，才能有如此柔软和悲悯的心；只有享受过过剩的物质，才能对精神财富如此珍重；只有经历过极度的繁华和萧索，经过大喜和大悲，才能对人生看得如此透彻。

但是，这一切的代价似乎太惨痛了些，因为这样的贵族们，长时间活在一个真空的唯美世界里，他们真的不具备现实生存的能力。

寻寻觅觅，冷冷清清……

从历史的角度，我们有曹雪芹、李清照和赵明诚是幸运的，但对其自身而言，生活实在太不幸。

他们的不幸，带着宿命的味道。

即便没有乱世，李清照和赵明诚也未必可以善终，因为他们所有的富贵荣华皆来自父辈的余荫，这样的"间接"富贵风险很大。官场人事更迭，亲人生离死别，财产坐吃山空，危险的因素分分秒秒都能让幸福变成幻觉。

世人对"贵族"充满向往和羡慕，可我觉得，"贵族"好比是山顶，到了这个位置，离下坡路就不远了，最危险的情况是，下坡路不是缓阶，而是陡坡，走得不好，粉身碎骨。

前辈的富贵，如同天上掉下的亿元中奖彩票，是否兑奖，如何使用，全凭自己。财富不该是废品，更不该是累赘。

每个人，都应该是鲜活的、独立的，可以借力，但不可以赖力。

所以，我爱富贵，但我不爱贵族。

韵洌眼光看李清照：

1. 只有官家才有钱让子孙们读书，子孙们读好书才可以再当官，这样"良性循环"，有钱人代代相传，时间久了，富二代变成了贵族。

2. 李清照这时候的心头惆怅如同那冷却的咖啡，实在是幸福的烦恼。

3. 财富不该是废品，更不该是累赘。

4. 每个人，可以借力，但不可以赖力。

十、秋瑾　　黎明看黑暗

我爸爸很喜欢秋瑾，经常同我提起她。在我印象里，秋瑾是一个模糊的身影，一个坚定的革命者。

革命者，尤其是女革命者，总给人决绝的印象。坚定到极致的人，大概就是这决绝的模样。秋瑾在我的印象里是有颜色的，那种明亮明亮的大红色，革命的、热血的、忘我的，一条道走到黑的红。

我外婆比秋瑾小四十多岁，我老觉得她很胆小怕事，每当她回忆起今生的遗憾，比如酷爱读书的她听从父命嫁给酷不爱读书的外公；比如她受后婆婆（外公的后妈）虐待，多年敢怒不敢言；比如她有机会去上海做裁缝却终未成行，如此云云。

我认为，是外婆不够勇敢的缘故。外婆反驳我说，不是她不勇敢，而是社会不容她那么做，违抗父命、离家出走是要被人称作"坏女人"的，显然，与受苦相比，她更受不了当"坏女人"。

有了外婆这个对比，我对比她大四十多岁的秋瑾更佩服了，秋瑾踏踏实实做了一把封建社会的"坏女人"——女人闹革命是最坏的坏女人。

据记载，在被捕前四天，她已经得知徐锡麟在安庆起义失败，众人劝说她离开绍兴，但是她坚持留下，慷慨表示"革命要流血才会成功"。

可以说，秋瑾是"主动"被捕、被杀的。

很长时间，我百思不得其解，秋瑾何来这样从容赴死的勇气。俗话说，没有无缘无故的爱，也没有无缘无故的恨。我想，大概也没有无缘无故的勇气。

秋瑾出生于一个开明的士宦家庭，她从小不但与兄弟们一起读书，还骑马、习剑，在这样文武兼备的熏陶下，秋瑾幼年就流露出巾帼不让须眉的飒爽姿态。

秋瑾奉父命与富家子弟王廷均结婚后，因不满丈夫纨绔子弟的生活作风，以及对名利的追逐，毅然与丈夫分居，并自费留学日本，从此走上了终生革命的道路。

失之毫厘，差之千里。秋瑾的开场就与同时代的大部分女子不同。我猜测，小时候，在马背上，在剑道中，秋瑾恐怕已经一点点激发起骨子里的大丈夫豪气，这气息流淌在她的血液里，越来越浓。随着她见识的日益广博，夫妻生活的不如意，革命事业的遥遥招手，她终于将这呼之欲出的豪气逐渐凝结成革命的信念，为了信念，她不吝付出生命。

公平地说，如果不牺牲，秋瑾比同时代的大部分女子幸福。至少，她有优越而开明的家庭，能给她如此完备的教育和经济支持（自费留学），丈夫虽然顽劣也并非强权，至少还能同意她分居出国。

那个时代，这样的生活在大部分女子看来已是天堂（至少我外婆会同意我的说法），但秋瑾没有沾沾自喜地停留在天堂，而是从天堂来到地狱，奋起抗争。不是为了自己，而是为了万万之中国人。

大部分真正身处地狱的人却麻木地忍受着。

她的"天堂"让她比普通人更早地看到了黑暗后的黎明，也让她对身处黑暗、心处黑暗的人民抱有极大的同情心和解救心。

看过月圆的人不怕月缺，因为知道月圆终会再次来临。我猜，秋瑾慷慨赴死的时候，也有类似的想法。她之所以可以从容地走向刑场，因为她比更多的人有自信，自信她坚持的信念是对的，自信她的理想终究会实现。而现在，她不过是走得快一点，用生命帮助理想实现得早一点。

那个血雨腥风的年代残酷地夺走了无数条热情、正义、追求理想的生命，但似乎，也正是在这个年代，才出现了这么多热情、正义、追求理想的生命。

有人问我，为什么现在的人没有过去的人有理想，或者说，不再以正义和真理为理想。我不知道，我只能猜。也许、大概、可能，现在不再有人看到黎明，而只有人看到彻底的黑暗或彻底的光明。

理想，在黎明的地方。

但愿，秋瑾走的时候，带着微笑，她一定带着微笑，因为往前走一点，黎明就变成了彻底的光明。

韵冽眼光看秋瑾：

1. 秋瑾在我的印象里是有颜色的，那种明亮明亮的大红色，革命的、热血的、忘我的，一条道走到黑的红。

2. 没有无缘无故的爱，也没有无缘无故的恨。我想，大概也没有无缘无故的勇气。

3. 看过月圆的人不怕月缺，因为知道月圆终会再次来临。

4. 理想，在黎明的地方。

十一、陈璧君　爱上一个志同道合的人

有的女人以职业为事业，有的女人以爱情为事业，有的女人以配偶的事业为事业，而大部分女人，没有事业。所谓事业，就是毕生为之奋斗的东西。

我以为，有事业心的人要比没有事业心的人高尚，不管这事业是什么，哪怕只是捡垃圾。因为，事业，是超出物质生存之必需的一种东西，是更精神的东西。换言之，有了事业心，活着才不仅仅是为了活着。

以职业为事业的女人与男人无异，虽然可敬，但因缺了女人的特色，多少有点寡味。以爱情为事业的女人有点独角戏的味道，因为很少有男人以爱情为事业的，而爱情是需要对手配合的二人转，一人登台，难免冷场。以配偶的事业为事业的女人也有不少，她们大多是嫁鸡随鸡、嫁狗随狗，做什么事业并非出自本人的选择，而是协助丈夫或继承遗志什么的。

陈璧君是个有事业心的女人。她的事业，混杂着职业、爱情和丈夫。我称她为"第四类"女人。

陈璧君出生于南洋巨富人家，富贵人家的小姐却不贪图富贵，很小就参加了革命，曾是年纪最小的同盟会成员，可以说是个职业革命家。

她十七岁的时候，结识了同为同盟会成员的汪精卫，深为其才华勇气折服，疯狂地爱上了这位民国第一美男子加才子。当时，汪精卫准备刺杀清朝政府的摄政王，不管成功与否都可能牺牲。陈璧君大义凛然，撕毁自己的英国护照，一心追随汪精卫。

后来，汪精卫刺杀失败，被判终生监禁，陈璧君告知狱中的汪精卫，自己仍愿意与他结为夫妻，令汪精卫感动不已。辛亥革命成功后，汪精卫出狱与陈璧君结婚。直至汪精卫去世，陈璧君始终追随和支持丈夫的任何决策，包括他亲日，被全国人民骂作汉奸。

抗日胜利后，陈璧君被国民党政府以叛国罪处以终生监禁，后被共产党接收，继续服刑。服刑期间，宋庆龄等有意将其救出，只需她写份悔过书承认汪精卫做过汉奸，但她宁可不出狱也坚决不认罪，最后死在监狱里。

陈璧君是执着的，她从十七岁起就跟定了汪精卫，直到自己生命的终点。

陈璧君是刚烈的，在被判处终生监禁的时候，她说，本人有受死的勇气，而无坐牢的耐性，所以希望法庭改判死刑。

有人说，陈璧君的执著和刚烈是因了对爱情的忠诚，对丈夫汪精卫的无比忠诚，也有人说，陈璧君做汉奸是利欲熏心、贪图富贵。

我不以为是。

诚然，陈璧君对汪精卫的爱和景仰是毋庸置疑的，她是他任何时候最坚定的支持者，但是这支持并不是出于爱情的"愚忠"，而是因为她和他有一样的追求、一样的信仰。

在遇到汪精卫之前，陈璧君已是同盟会的成员，参加革命是她自己的觉悟和选择，并不受汪精卫引导。

后来汪精卫亲日，陈璧君也是非常赞成的。当时，中国对日战争中连连战败，汪精卫认为中国国力逊日本太多，又派系林立，团结不起来，抵抗下去必定是输个精光之后亡国。因此他认为不能硬拼，必须先投降保存有生力量，再找机会翻盘。同时，日本国内因战争而增加了大量赋税，人民负担沉重，也出现了以当时首相近卫文麿为代表的主和派。汪精卫与日本主和派暗中接触后达成了日本"不要领土，不要赔款，两年内撤回军队"的协议，在此基础上汪离开重庆前往日占区的南京出任主席。陈璧君认为汪精卫的出发点是爱国，爱人民，是革命的"曲线救国"，因此大力支持。

用那时候的话说，他们这种关系叫"爱人同志"，既有爱人的情感，又有同志的情谊。陈璧君这"爱人同志"做得非常彻底，不论是主席夫人的风光还是阶下囚的耻辱，皆矢志不渝。与她相比，"文革"时期的很多人恐怕要惭愧，那时候，为换取自己的"清白"，大有揭发举报的、"划清界限"的、离婚的，估计杀人的都有。

要说陈璧君做汉奸是为了贪图富贵我也不相信。任何东西，多了都不稀奇。陈璧君出身大富大贵人家，从小见惯了权钱，那样的富贵生活是她主动放弃的，又何须再费力"贪图"？

虽然陈璧君选择的路线事实证明是错了，中国人民完全有能力击败日本侵略者，可她本人确是把认定的"革命路线"当事业的。她的执著、她的刚烈，都是对待事业的态度，她为之奋斗的，是她认为天经地义、无愧于心的革命事业。

汪精卫，是她为自己选择的革命伴侣，是她尊敬爱戴的革命导师，她对他的爱，不仅是男欢女爱，更是信仰之爱。

她的事业里有爱情，她的爱情里有事业。

单纯从这个角度说，陈璧君是圆满的。

我不禁想，这样的圆满从何而来？

陈璧君自身是一个有主见、有理想的女子，这从她年少时勇于加入同盟会、与富商子弟退婚就可以看出。很早的时候她就为自己确定了事业的方向。她爱上汪精卫之后，更是冒死追随，终于感动汪精卫，与其结婚。

我觉得，在陈璧君和汪精卫的关系中，貌似汪精卫是大丈夫，实则陈璧君更占主导。汪精卫既符合她的爱情标准，又符合她的事业标准，嫁了汪精卫，这双重的圆满就顺利完成了。

陈璧君的"圆满"是自己一手争取的，不管成败，无怨无悔。我羡慕她的"圆满"，更佩服她面对选择不动摇的勇气。

如果陈璧君的事业不是她那背负千古骂名的"革命事业"，她的爱情、婚姻和家庭一定会很幸福、很成功。因为，她是一个很强的女人。

很强的女人，先爱事业，再爱上同样爱这份事业的男人。这才叫完美。

志同道合，大概说的也是这个意思。

韵冽眼光看陈璧君：

1. 有的女人以职业为事业，有的女人以爱情为事业，有的女人以配偶的事业为事业，而大部分女人，没有事业。

2. 她说，本人有受死的勇气，而无坐牢的耐性，所以希望法庭改判死刑。

3. 很强的女人，先爱事业，再爱上同样爱这份事业的男人。

4. 汪精卫既符合她的爱情标准，又符合她的事业标准，嫁了汪精卫，这双重的圆满就顺利完成了。

十二、赛金花　做妓女比寡妇好

赛金花是个充满传奇色彩的人。

她做过状元妾，随丈夫出过洋，称公使夫人，在欧洲上流社会很是风光了两年。

她先后嫁过三任丈夫，但不久都去世了，于是她三次下堂为妓。

最为传奇的是,她以妓女的身份为清政府与八国联军统帅瓦德西谈判，颇取得一些成绩：不但减少了八国联军在京城的滥杀和文物破坏，还说服德国公使夫人放弃让"光绪赔罪、慈禧抵命"的和谈条件，转而允许清政府用立碑的方式向德国和公使夫人道歉，因为义和团杀了德国公使大人。

当时，这几件事的成功让赛金花广获盛名，不但老百姓把她当救星，连辜鸿铭这样的社会名流也对她赞誉有加。

传奇之所以成为传奇，少不了坊间的夸张和臆想。往往，传奇人物本

身很简单，传奇的主人公没有计划过什么，只是命运把她带到一个又一个不确定的人生驿站，成就了人们口中的传奇。

赛金花的一系列传奇都是从最初那个状元丈夫洪钧开始的。如果没有洪钧，她就没有机会游访欧洲，结交名流，没有机会学习德语，也就不能以"状元妾"的名义揽客做名妓，更不会有后来用德语和德国人谈判等等。我想，任何一个聪明貌美开朗的女孩子做了洪钧的小妾，跟着他出访欧洲两年，也能基本具备和赛金花一样的能力。

唯一的区别在于，那任何一个聪明貌美开朗的女孩子是否和赛金花一样，愿意为妓。赛金花的传奇，一半来自那个状元丈夫，一半来自她对自己人生职业的选择：做寡妇还是做妓女。

做寡妇还是做妓女，这是一个问题。

旧时代的女人不能做官、不能经商、不能办学，她们生来就是为男人服务的，所以只能够做有关服务男人的工作：结婚或者为妓。如果丈夫死了，那么只能选择做寡妇、改嫁或者为妓。做老婆好比是把自己批发出售，做妓女好比是零售，做寡妇好比是失业领救济。

赛金花的选择是批零兼营，绝不失业等救济。这是她与同时代女子最大的不同。裹了小脚的女人通常把胆子也裹小，害怕面对复杂的社会环境，如果不能批发，一劳永逸，宁可失业领救济，也不愿承担零售的巨大风险和不确定性。赛金花也是倾向批发的，但是一旦批发不成，死了丈夫，她马上进入零售角色，开张为妓。

这一零售，传奇就来了。首先，名气响了。状元夫人兼公使夫人公开接客，不知道多少人蠢蠢欲动，赛金花在这样的"名人效应"下，身价暴涨，据说李鸿章也是她的客人之一。

其次，私人资源公共化，能力被大大发挥。赛金花年少时的从妓经验和遍访欧洲的见识，让她成为欢场的佼佼者，如果安分做个寡妇，这些本事岂非大大浪费？

再者，在八大胡同认识的男子可比在深闺里多得多，在这里，赛金花才有机会再次批发，而且批发对象任由自己选择，事实证明，她的确又成功批发了两次。虽然后来赛金花遇到八国联军统帅瓦德西有一定的偶然性，但是可以肯定的是，如果她呆在状元府做寡妇，是铁定遇不上的。

对赛金花来说，做寡妇还是做妓女，不是一个问题。她三次都选择下堂为妓，可见态度之坚决。从"从业"的角度看，赛金花是很顽强的"再就业"者。她的运气真是差，很少有女人能一辈子死三个丈夫的，但是她每一次都积极复出，虽然一次比一次老，一次比一次没有优势，事实上，也一次比一次潦倒。我们不能指责她身份的贵贱，因为那时候的女人，除了做妓女，真没其他"职业"可做。

不知为何，赛金花让我想起现在很多毕业即失业的大学生，读了小半辈子的书，结果连踏上工作岗位的勇气和能力都没有，窝在家里"啃老"，岂不像是"未婚寡妇"？

赛金花的经历看似传奇，其实一环扣一环，很有点必然性。除开性格特点不说，她的经历对她影响很大。赛金花到苏州花船上卖笑时只有十四岁。她像如今的大部分温州商人一样，初中或小学毕业就踏上社会，很早就有了生活和工作经验，懂得了人情冷暖和世道规则。初生牛犊不怕虎，为人的胆量和底气都是要从小培养的。

之后，她有幸赴欧几年，大大长了见识、开了眼界，有了广阔视野的人就不再满足吃饱穿暖这样的基本生活，而对未来生活产生更大的憧憬和抱负，所以她不甘心做寡妇等死，哪怕是状元寡妇。

再然后，她迎来送往，越来越得心应手，慢慢地扩展"事业规模"，不但自己为妓，还养了一个班的姑娘为她打工，名叫"金花班"，做起了老鸨，这都是顺其自然的事情。

赛金花告诉我们：我不妄想成为传奇，但是，我没有妨碍自己成为传奇。

韵冽眼光看赛金花：

1. 赛金花的传奇，一半来自那个状元丈夫，一半来自她对自己人生职业的选泽：做寡妇还是做妓女。

2. 做老婆好比是把自己批发出售，做妓女好比是零售，做寡妇好比是失业领救济。

3. 从"从业"的角度看，赛金花是很顽强的"再就业"者。

4. 她的运气真是差，很少有女人能一辈子死三个丈夫的，但是她每一次都积极复出，虽然一次比一次老，一次比一次没有优势，事实上，也一次比一次潦倒。

十三、林徽因　猜想林徽因

林徽因是不能被评说的。她是毫无争议的美女加才女，是绝大部分知识分子倾慕的偶像，她大半生的时间和精力献给了严谨的建筑科学，即便与三位同样出众、但风格迥异的男子的感情纠葛异常精彩，也因当事人的缄默，而少了八卦的材料。

这样的女子是被人仰望的，被人仰望的女子是模糊的，不禁引起漫漫猜想。也许，每个人心里有一个自己的林徽因。

我心里的林徽因，不是她少女时期照片的那个样子：侧脸，圆润，温和地微笑着。吸引我的，是她中年的一张正面像：异常清丽，抿着嘴，严肃，略带着倔强，很有理念的样子。我深以为，这时候的林徽因，是最林徽因的。

林徽因正儿八经的身份（写在墓碑上的）是建筑师，因为这一领域专业性太强，所以林美人的骄人成绩不常为人道。倒是她年轻时的诗歌、小说广为流传，当然也是上品。她被人记住的形象，更多的，是个才情饱满的文学女青年。但是，在我心里，林徽因这建筑师、诗人的"专业技能"倒在其次，我认为她是最好的人生规划师。

林徽因是个浪漫的人，但她不是个率性的人。她的人生路程是经过自己精心规划、理性思考的结果。这规划和思考包括：择偶，选梁思成，弃徐志摩；择业，以建筑为事业，文学爱好仅是副业；生活环境的选择，留在中国从事建筑和艺术，放弃去美国讲学。

无疑，她的各项规划和选择都是非常成功的，值得借鉴。更加难能可贵的是，绝大多数的人选择就意味着放弃，林徽因似乎做到了"选而不弃"。

浪漫的林徽因与同样浪漫的徐志摩一定擦出了火花，且火势不小。这点我同意徐志摩前妻张幼仪的说法，她说过："我想，她此刻要见我一面，是因为她爱徐志摩，也想看一眼他的孩子。她即使嫁给了梁思成，也一直爱徐志摩。"

后多有争议，认为林徽因根本看不上多情又高调的徐志摩，我认为不实。林徽因的美是灵动而狡黠的，这种美由文学和艺术赋予，这种美，诗人徐志摩应该是最"懂得"的。根据张爱玲"因为懂得，所以慈悲"的爱情原理，徐志摩和林徽因的灵魂交流应该最多。如果以"爱情论英雄"，徐志摩当仁不让胜出。但是最后，梁思成抱得美人归，徐志摩落选。

林徽因对徐志摩不告而别，看似决绝，其实背后大有思量。我猜想，

林徽因心里有一杆天平，各种利弊得失很快就权衡过了。

林徽因出身大户人家，但是她本人为庶出，虽然深受父亲宠爱，但在

那样的大家庭，妻妾差别很重，谁生的孩子，地位差异也很大。好像

《红楼梦》里的探春一样，自身能力再强，因是小老婆生的，总是矮

人一截。这样背景下的林徽因，心里未尝不想争口气。家道优越的梁

家无疑是非常争气的选择。

著名作家陆幼青给自家女儿说过"再婚不嫁",虽然当时的林徽因听不到,想必她也有类似的警惕。徐志摩已婚有子的身份让他不再"单纯",林徐二人不能像普通的恋人一样相处。双方家庭反对,徐家与前妻张家千丝万缕的关系,以及社会舆论都给她压力,如果她嫁给徐志摩,社会环境不容,她的淑女就做到头了,换个头衔叫"狐狸精"。

林徽因有浪漫情怀,但她更是一个务实而现实的人。浪漫,是调剂,或者说气质,但绝不是她生活的主旋律和终极目标。她需要更坚实和稳固的东西来信赖。建筑事业让她信赖,梁思成让她信赖。徐志摩也许输在多情有余,可靠不足。好像一个新颖别致的电脑,造型让人爱不释手,但运行稳定性不够,还是不如 IBM 这样的稳定性强的商务电脑好用。

事实果然如此,徐志摩的爱情之鸟很快就找到了落脚的新地方,落在了陆小曼身上。我相信,徐志摩始终最爱林徽因,但那是不够的。林徽因这样的女子,要的是完整、长期、唯一的爱的付出,"最爱"不足以打动她。

如果仅仅是"弃徐取梁",成功嫁进"豪门",林美人难免落入世故或势利的圈套,她的形象也会从一个娇俏可人的少女直接变成工于心计的妇人,至少也会默默无闻下去。但是这个女子的精彩当然不仅于此。

婚后的林徽因不仅在专业领域成绩卓越，为了丈夫和自己的建筑事业能屈能伸，吃得了最下等的苦，享得了最上等的福，做足了大家闺秀的表率，更大开"太太会客厅"，谈文化、谈艺术、谈时事，展露万般风情，引无数男子竞折腰。最著名的仰慕者当时要算为她终生不娶的金岳霖。

如果"理科男"梁思成是白玫瑰，"文学男"徐志摩和金岳霖就是不同时期的红玫瑰。显然，林徽因是两朵玫瑰一起爱，并且把"放心玫瑰"梁思成"娶"回了家。

如果建筑是白玫瑰，文学和艺术是红玫瑰，林徽因也是两朵玫瑰一起爱，摘了建筑的白玫瑰，并时常一闻文学之红玫瑰的芬芳——从事建筑后，她偶尔仍有诗作文章发表。

从这个角度上看，我觉得林徽因真的很强大。女人内心强大的主要标志就是，更接近男性思维，理性、果断，并且游刃有余。这几点，林徽因都做到了。

情敌的评价往往很精准，尤其是有格调的情敌。张幼仪说过："徐志摩的女朋友是另一位思想更复杂、长相更漂亮、双脚完全自由的女士。"我完全同意这个说法。

林徽因一方面充分表现大家闺秀的特质，尤其是面对困苦的生活环境和病痛折磨时表现出的忍耐和乐观；一方面又颇有一些"心机"，不似普通的大家闺秀——真正的大家闺秀是有些木讷的。因为，良好的家境、严肃的家教，不需要，也不允许她们学习察言观色，暴露精明和心计。完全的大家闺秀是纯善的。

有两个事例说明这点。一是，林徽因在英国时，给徐志摩发了份电报，诉说相思，颇有撩拨之意，徐为之兴奋，但后来发现多位友人接到类似的电报。二是，徐志摩出事后，林徽因借故从徐好友凌叔华处讨得徐之《康桥日记》，并撕毁了其中有关自己的部分。前一个事件让我窥得林美人一点点风情的秘密，后一个事件让我感觉到，她不仅能够理性地选择，还可以快刀斩乱麻地处理"负面消息"。

这两种素质的具备让她胜过旁的女人太多——大部分女人是有风情的没心机，有心机的少风情。更主要的是，林徽因的心机仅限于"保护自己"的范围，所以并不太令人讨厌。

喜欢林徽因是必然的，能否爱上，其实非常考验男子的见识、心胸。这样一个女子，远不是看起来那么温良，不是一个美丽的花瓶，也断断看不上一个花瓶。和她在一起，更像是两个高超舞者的表演，走男步的你不但要舞跳得好，还要有不怕踩的勇气，因为她是不走寻常步子的。和她在一起的男人，更要有足够强大的内心。

林徽因是个聪明的女人，她的人生规划对她自己来说，"性价比"极高。她得到了几乎所有自己想要的，即便有所缺失的地方，也弥补得极好。但是，每个人都是独立存在的个体，每个人对自己的规划应该顺应自己的心灵。如果你的内心需要和林徽因不一样，大可不必选她那样的路。

韵冽眼光看林徽因：

1. 林徽因是个浪漫的人，但她不是个率性的人。

2. 更加难能可贵的是，绝大多数的人选择就意味着放弃，林徽因似乎做到了"选而不弃"。

3. 如果"理科男"梁思成是白玫瑰，"文学男"徐志摩和金岳霖就是不同时期的红玫瑰。显然，林徽因是两朵玫瑰一起爱，并且把"放心玫瑰"梁思成"娶"回了家。

4. 女人内心强大的主要标志就是，更接近男性思维，理性、果断，并且游刃有余。

十四、张爱玲　因为"懂得"，所以错过

写张爱玲的文章和书很多，可能比张爱玲自己写的文章和书还要多，张爱玲的"角角落落"都被人写过了，她的家世、她的才华、她的爱情。最近一本《小团圆》，她更是自己把自己"脱光"了一回——虽然脱光后的身体往往没有穿衣服的身体好看。

张爱玲，几乎拥有所有才女的特质，聪慧、敏感、刻薄，她还拥有普通阶层才女所不具备的特质，高傲、清醒、拘谨。

喜欢张爱玲的女子都是有些小聪明的，包括我，每个人都能从她的身上看到一部分的自己，所谓"知音"就是这个意思，大家都是一个调调的人。

聪明的张爱玲小心翼翼了一辈子，虽然"合格"终老，但是一生带着挥散不去的寂寥感，让人感叹，这样的女子不能幸福，真是罪过。

和现在80后家庭比，张爱玲的童年有点不幸，母亲出走，父亲吸鸦片，

但是我相信，在那个年代，这样的生活不算太糟糕，那年头饿死事大，伤心事小，毕竟张家家底丰厚，何况父母健在。

张爱玲是个勤奋的姑娘，始终笔耕不辍、自力更生。她当然更是个清醒而警惕的人，从来没有投资失败、错信友人的事，当然，胡兰成是个例外（不过我想她和胡的交往也是清醒的，最多是个明白混账人）。

聪明加勤奋，是成功的前提，清醒和理智，是防止失败的前提。在这样的双保险下，人生的差错总在可控之中。

张爱玲最让我刮目相看的地方，不是她的文章，而是她 20 世纪 50 年代初远走美国的选择。她说，一个不能随意穿衣服的国度是危险的。张爱玲比很多同年代的文人活得好，不但因为她成名早，更因为她逃过了"文革"，逃过了大多数文人的劫难。可见，她的敏感并不局限在儿女情长。

如果一个人的嗅觉不触及政治，如果一个人的聪明不能审时度势，那么，聪明就是个笑话。

张爱玲总是冷眼看人的笑话，她自己，是绝不能让人看了笑话去的。

不愿让人看笑话的人有个特点，把自己包得很严实。从头裹到脚，自然看不出腰粗腿短，但是，也难露风情。并且，每个人，总有些过人的地方，总这么藏着掖着，心里多少有点寂寞。何况她。我想，她不是不想让人读懂，只是羞于张扬，或者说，羞于展露自己，让不懂的人评头论足。

张爱玲的寂寞和风情似乎被胡兰成看到了、看懂了。她欣喜地说："因为懂得，所以慈悲。"胡兰成有些才情，但人品不佳。胡适评说他："其文可取，其人不可取。"我猜，胡兰成之所以"看懂"张爱玲，一是因为他自身的知识水平可以与她对话，更多的可能，是他脸皮够厚，敢于"脱掉她的衣服"——衣服脱了，腰粗腿短也好，万般风情也罢，全都一目了然，岂能"不懂"？

对于一个猎艳多年的"老江湖"来说，女人，本质上是一样的，管你是才女、美女、少女、妇女，得的都是一样的"病"，一样的"药"都能搞定。不容讳言，大抵还真是这么回事。

曾听一个"老江湖"的人说过，搞定女人靠三"心"：引起她的好奇心，打击她的自尊心，满足她的虚荣心。我想再加一条，偶尔表现一下贴心。各位看客，是否会心一笑？

"对付"张爱玲，估计比这普通的四"心"要求更少，因为她太寂寞了，整天关在家里编故事不见人，难得见着一个，对自己一派仰慕，而且貌似不是盲目崇拜，这怎能不叫人欢喜？

张爱玲读了万卷书，却没有行万里路（后来去了美国，不过是后话了，而且三十多岁的人已经基本"定型"，这时候的"万里路"对她的性格塑造影响不大），跟人打交道也不够多。她能看透人情，却不善于与人交际。这好像看麻将跟打麻将的区别，看着挺明白的牌理，真自己上桌，手忙脚乱的，常常出错牌。

熟能生巧，做人做事都一样。

张爱玲这把灵巧奇特的锁，遇上了胡兰成这把万能钥匙，这开锁的"懂得"，其实算不上珍贵。

或许，在每个女人心里，都觉得自己与别人不同，这不同，希望一个特别的人来懂得。生活不是童话，上帝不会把你的"钥匙"送到眼前，如果有一把钥匙可以轻易"打开"你，一定因为是把万能钥匙。唯一适合你的"钥匙"不是没有，但是需要寻找和尝试，如果把锁藏起来，是一定找不到它的。

生活充满了笑话，一辈子不让人笑的人，本身就是一个笑话。捡起一把万能钥匙的时候，真正适合的那把钥匙错过了。

聪明而谨慎的人可以避祸，却不是幸福的保障。幸福，更多的时候，需要放宽眼界、放开怀抱、放松神经。

得之我幸，不得我命。

韵洲眼光看张爱玲:

1. 聪明加勤奋, 是成功的前提, 清醒和理智, 是防止失败的前提。

2. 不愿让人看笑话的人有个特点, 把自己包得很严实。从头裹到脚, 自然看不出腰粗腿短, 但是, 也难露风情。

3. 如果一个人的嗅觉不触及政治, 如果一个人的聪明不能审时度势, 那么, 聪明就是个笑话。

4. 捡起一把万能钥匙的时候, 真正适合的那把钥匙错过了。

十五、蒋碧薇　　从正室到小三

李嘉欣去年结婚时，众多娱乐杂志撰文戏称：千年小三终于转正了。
其实，这真是委屈了李大美人，虽然人家承认以前当过第三者，但同
夫婿许晋亨相识时，确是双双单身，两情相悦而结婚，合情合理合法。

八卦人士对李嘉欣结婚如此激动，一再提起她的小三过去，想来原
因是：群众认为，小三的终极目标就是转正，转正很难，尤其是转
正豪门。

蛮喜欢李嘉欣的。她作品不多，亦不算出色，对她的了解来自几次电
视访谈。有一次记者问她对许晋亨过去绯闻的看法，她说，我不喜欢
一张白纸的人。又有一次记者问她对昂贵物品的看法，她说，我只是
喜欢好的东西，而好东西通常都比较贵。结婚前最后一次访谈，她说，
我无事不能对人言。

这些话，除了她，娱乐圈没人会讲，敢说。

李嘉欣，对自己要什么，做什么，无愧于心，不耻于口。

比起林志玲美而温柔的表情，李嘉欣美，但显得有些强势。不管是做小三还是做正室，她都理直气壮。理直是因为，我和他在一起，是因为爱情，一旦发现爱情变了味，我随即离开。

蒋碧薇想必也是这样的女人。只不过，她的结局与李嘉欣正相反，李嘉欣小三转正，蒋碧薇正转小三。

蒋碧薇出身大户人家，十三岁即定有婚约，与门当户对的苏州查家结亲。十七岁时遇见穷书生徐悲鸿，一见钟情，为应付婚约，对家人谎称自杀，与徐悲鸿私奔日本，后又赴法国。

虽然两人没有婚约，但是蒋碧薇普遍被认作徐悲鸿的正室妻子，因为两人结合时都是单身，又育有一子一女，以至于后来徐悲鸿与女学生相恋，被称之为"出轨"，那个叫孙多慈的女学生不得不当了回小三。徐蒋分手时，签署了离婚协议，算是间接承认了之前的婚姻关系。

婚姻是笔糊涂账，到底谁赚谁亏外人实在看不清楚、算不明白。能看到的只是"账面情况"：比如徐悲鸿几次三番爱上女学生，长年累月出走外地，为艺术也好，为爱国也好，为远离烦恼的"婚姻"也好，总之，对蒋碧薇和孩子不管不问，任其自生自灭；比如徐悲鸿两次在报上发表与蒋碧薇解除同居的声明（注意，一向与蒋碧薇以夫妇身份示人的徐悲鸿，交恶起来，竟不肯给昔日恋人一个妻子的名分）；比如蒋碧薇在四十七岁的时候坚决与徐悲鸿离婚，不再理会"丈夫"的低声求和与亲朋的极力撮合；比如蒋碧薇离婚的时候理直气壮要求徐悲鸿支付一百万法币和一百幅画，徐悲鸿无条件全部答应，不置一句微词。

除了与徐悲鸿的婚姻账难算，蒋碧薇这厢还有与多才风流画家兼政客张道藩的"账外账"，其"账期"更长，情况更复杂。张道藩认识蒋碧薇的时候，美人芳龄二十三岁，与徐悲鸿感情关系尚可。初见蒋碧薇，张道藩就爱上了她，此后多年，追求未得，无奈另娶法国妻子苏珊。

十二年之后，蒋碧薇与徐悲鸿感情裂痕愈深，无论感情上还是生活上，蒋碧薇都失去了依傍，这时候，张道藩适时地站了出来，向蒋碧薇重新表达了爱意，战乱的年代，他无微不至地照顾她的生活。两人感情日深，二十年间，先后共写下情书十五万字。

1945 年，四十七岁的蒋碧薇决然与徐悲鸿离婚，正式做了张道藩的情妇，并孤身随张道藩赴台湾，又同居了十多年，完成了从正室到小三的公开转型。这小三一做就是一辈子，因为张道藩始终没有离婚，晚年，他甚至回归家庭，与法国妻子重新生活在了一起，而蒋碧薇，独自一个人，走向人生的终点。

男女间的感情不好妄分对错，但蒋碧薇的选择倒是旗帜鲜明。大部分
女人追求爱情，更追求归宿，为了归宿放弃爱情的大有人在，为了爱
情放弃归宿的人很少。蒋碧薇却两次放弃了好归宿，选择了爱情。
第一次十七岁，退了富贵人家的婚约，跟了穷学生徐悲鸿；第二次
四十七岁，离开了徐悲鸿和子女，跟了有妇之夫张道藩，做了半辈子
情妇。

很多人说，蒋碧薇强势，我相信，又不免想替她辩驳几句。清末民初
的女子，再强势，换到如今，也是一纤纤闺秀，她的强势，不过是对

理想生活的坚持，对丈夫不愚顺罢了。那年头丈夫眼里的好女人，是要帮着丈夫纳妾才算是温柔和"知书达理"的。

刘晓庆说，蒋碧薇爱财（刘晓庆演过蒋碧薇这个角色）。我也相信，但同样不服气。蒋碧薇出身富贵，如果一味爱财，自然不会跟着徐悲鸿颠沛二十年。她的爱财，不过是对温暖、安逸生活的追求和念想。抗战期间，在张道藩的帮助下，她一人兼三职才得以负担家庭，这样的生活都能应付，岂像贪图富贵的恶妇？

徐悲鸿的后妻廖静文虽与蒋碧薇不相识，但对其很愤怒，在回忆录中恶语相向，尤其指责蒋碧薇狮子大开口，离婚时向徐悲鸿索要一百万法币和一百幅画。从这个情节里，我对蒋碧薇反而心生敬意了。且不论两人的感情纠葛，徐悲鸿是否应该补偿蒋碧薇这个数目，显然，蒋碧薇要这笔财产，是做好了下半辈子不依靠张道藩的准备。这就同眼下的大部分小三很不一样，如今的小三，之所以愿意做小三，要的就是依靠。

从某种意义上说，这种小三式的依靠可以称之为短期归宿。也可以说，大部分女人追求的归宿，就是长久的依靠。而蒋碧薇向往的归宿，是饱含爱情的归宿，而不仅仅是满足温饱、打发寂寞的工具。如果没有这样美好的归宿，宁可不要归宿。所谓宁为玉碎，不为瓦全。

这样的女人，做正室，做小三，都无妨。蒋碧薇如是，李嘉欣亦如是。

所以，小三转正是正道，正转小三也是正道。

寂寞终老的女人很多，蒋碧薇晚年的寂寥不能完全归结于她小三的选择，同年代的女人大多都是凄惨的。能安静地活到八十岁，有两个画家的作品和回忆陪着自己，已不算太坏。

韵渤眼光看蒋碧薇：

1. 1945年，四十七岁的蒋碧薇决然与徐悲鸿离婚，正式做了张道藩的情妇，并孤身随张道藩赴台湾，又同居了十多年，完成了从正室到小三的公开转型。

2. 从某种意义上说，这种小三式的依靠可以称之为短期归宿。也可以说，大部分女人追求的归宿，就是长久的依靠。

3. 蒋碧薇却两次放弃了好归宿，选择了爱情。

4. 清末民初的女子，再强势，换到如今，也是一纤纤闺秀，她的强势，不过是对理想生活的坚持，对丈夫不愚顺罢了。

十六、王映霞　伪爱才

王映霞是美人，郁达夫是才子。才子爱美人，天经地义，因为全天下所有的男人都爱美人，而才子自以为最懂得美人美在何处，得意之余，爱情似乎更热烈些。美人爱才子吗？怕是未知数。但是，可以肯定的是，没有哪个美人愿意说自己不爱才子。

才子佳人是戏文里最经典的格局，而很多美人，特别是通些文墨的美人，一开始，都是照着戏文里的说辞描摹自己的未来的。殊不知，戏文都是"才子们"写的，那些在现实中受了白眼和委屈的书生，在自己的戏里、梦里，把自己扮成那唯一的白马王子，独受仙女般美色的垂青，也是别样的畅快和满足。

美人为才子所吸引，也不是完全没有道理。但凡美人，总自视高一些，觉得自己和普通人不同，这与众不同的自己，需有特别的慧眼才能看见。好比一幅名画、一首名曲，需要真正懂行的人来欣赏。美而无人赏识，如同锦衣夜行，是顶委屈的事情。

才子是最好的美的鉴赏者。妩媚的、娇俏的、灵动的、沉静的，云云，多情的才子总能一眼看出美人的"种类"，用最妥帖的语言来形容和赞美，这份"懂得"，怎能不叫人惊喜？

才子大多还是暂时的完美主义者。公允地说，当多情才子爱上一个美人的时候，那时那刻，他是全身心投入而不旁骛的。他不会权衡她性格的优劣，不会想起她任何可能的不美，不会估计相处后的种种摩擦。当然，这投入的"保鲜期"不定。不管如何，这样浓烈而单纯的爱情出自一位才华横溢的男人，总会让美人无比欣喜，随着他，一起陷进去。

这样的时候，美人觉得自己一定也是爱才子的。为什么爱呢？总不能说是因为才子爱我吧。如否，那原因一定是，美人爱才，爱他举世皆知的才情。只有他一等一的才，才能相配我一等一的美。

郁达夫和王映霞的爱情始末，大约就是如此。考入杭州女师的王映霞是佼佼者，爱读书，长得美，皮肤尤其白，人称"荸荠白"。好学上进的美人王映霞开始只知鲁迅、郭沫若，后来知道了郁达夫，非常为其文采倾倒。一个偶然的机会，郁达夫认识了青春美貌的王映霞，自然也是爱慕万分，热烈追求。

不得不说，郁先生追女孩子确实很有一套。那时候，王映霞想过与其他人结婚，郁达夫给她写信说："我也不愿意打散这件喜事。可是王女士，人生只有一次婚姻，结婚与情爱，有微妙的关系，但你须想想当你结婚年余之后，就不得不日日做家庭的主妇，或拖了小孩，袒胸露乳等情形，我想你必能决定你现在所考虑的路。你情愿做家庭的奴隶吗？还是情愿做一个自由的女王？你的生活尽可以独立，你的自由，绝不应该就这样地轻轻放弃。"

虽然此信逻辑错误百出，但是郁达夫显然说到了王映霞的痛处，那就是，美人最不愿意自己落入俗尘。在王映霞看来，郁达夫甚能珍惜她的与众不同，把她当作"女王"呢。郁达夫在另一封求爱信中向王映霞如此说道："一切照你吩咐做去，此心耿耿，天日可表。对你只有感谢和愉悦，若有变更，神人共击。"他把自己的身段放得这样低，把她捧得这样高，看样子确是爱得迷了心窍了。

于是，两个人欢天喜地结婚去了。

结婚生子后的王美人不幸如郁才子求爱信中所写过的"不得不日日做家庭的主妇，或拖了小孩，袒胸露乳等情形"。这不是她想要的生活，这时候，郁达夫再美的诗歌散文都不能打动她了。她觉得自己上了大大的当。于是，她决定把郁达夫放在一边，以美人的姿态重出江湖。果然，风采不减当年，她的居所"风雨茅庐"时有达官贵人出入，常常高朋满座，时任浙江省教育厅长许绍棣很快与她不一般地交好，以三封情书为证。另有传言，王映霞与戴笠有染，但是没有确证，暂不评论。

王映霞显然很满意这样的风光生活。以致后来与郁达夫越行越远，甚至互相谩骂见诸报端。后两人虽有复合，但好景不长，婚姻终告破裂，

而且破裂得很难看，男称女淫，女道男疯。

风风火火的王映霞与郁达夫离婚后，由国民政府外交元老王正廷做媒，嫁给一位地位权力都不错的重庆华中航业局官员钟贤道，举行了盛大的婚礼，非常平静满意地活到了九十二岁。与前次婚姻的喧嚣相比，后一次婚姻平静美满得让人有点惊讶。

我不禁想，两任丈夫，王美人到底爱谁多一点？有人说，这个问题问得有点傻，因为人在不同的时期需求不一样，很难说爱谁多爱谁少。但是我猜想，她还是爱后任丈夫钟贤道多一点。

王映霞这样的美人，如同牡丹，需富贵相配，该不是虚渺的才情可以满足的。即便与郁达夫相好的时候，王映霞就非常热衷交际，总让郁达夫给他介绍各类名人显贵，与戴笠，就是在这样的情况下熟悉起来的。她也时常督促郁达夫"上进"争功名，盼得夫贵妻荣。与郁达夫不和及离婚后，她更是明艳地混迹在高级社交场合，一面展示自己的美丽，一面寻找自己的机会。简单地说，她要为自己的美丽找到富贵来配。运气不坏，她终于找到了钟贤道，得以善终。

这样的女子，爱才，可能是出于天真无知，可能是出于附庸风雅，可能是出于顺从潮流。这样的爱才，我称之为"伪爱才"。

很多时候，才高八斗的人确有不可言说的问题，比如郁达夫，就是个充满妻妾思想的大男子主义者，一个爱好嫖娼的旧式文人。如果真要爱这样的才，需做好充分的思想准备。

公平地说，王映霞的最终选择并没有错，她最后终于懂得了选择自己真正想要的东西。只是完美主义的我不禁想：早知如此，何必当初。伪爱，总是要露出马脚的。

韵冽眼光看王映霞：

1. 美而无人赏识，如同锦衣夜行，是顶委屈的事情。

2. 才子是最好的美的鉴赏者。妩媚的、娇俏的、灵动的、沉静的，云云，多情的才子总能一眼看出美人的"种类"，用最妥帖的语言来形容和赞美，这份"懂得"，怎能不叫人惊喜？

3. 郁达夫显然说到了王映霞的痛处，那就是，美人最不愿意自己落入俗尘。

4. 这样的女子，爱才，可能是出于天真无知，可能是出于附庸风雅，可能是出于顺从潮流。这样的爱才，我称之为"伪爱才"。

十七、胡蝶　浪漫的理性

喜欢活得久的人，尤其是在乱世中活得久的人。乱世中的人，好像蚊香气味萦绕下的蚊子，呼吸困难，能活下来的，要体质特别好，感觉特别敏锐，行动力特别强，能飞能躲，最重要的，还要特别有活下去的勇气。有人说过，成功不是偶然的，我说，长寿也不是偶然的。从自然界的意义来讲，长寿也是一种成功。

生逢乱世的胡蝶，着实很成功。拍电影，她被誉为中国第一位电影皇后。因社会动荡，她几番隐退，每次复出，均有不俗成绩，六十二岁高龄时还在日本当上了"亚洲影后"。

重要的是，她一生曲折，却平静美满地活了八十一岁。这在同时代的影星中非常少见。名气相当的阮玲玉二十五岁香消玉殒，周璇也只活了三十七岁。阮玲玉情感之路不顺利，负气自杀；周璇死于脑膜炎，但生前已患精神病，同样被坎坷的感情折磨了很多年。

感性似乎是优秀女演员的普遍特点。感性的女人对感情总有浪漫的想法，爱做梦。而好男人通常不善于"织梦"。所以感性的女人常常上坏男人的当，因为坏男人不怕说谎，不怕承诺做不到的事。

感性的女人对感情容易沉醉，一旦深陷，难以自拔，即便知道身边的男人不好，也不易割舍。

感性的女人处理是非的能力比较弱，克人无力，只能伤己。在这方面，阮玲玉是典型的例子。这个透露着妖娆气质的忧伤女人，连续爱上两个蹩脚的男人，无可奈何，居然靠自杀了断，生生把可能的活路走成唯一的死路。

胡蝶也是一个优秀的演员，难得她却很理性。大家都说胡蝶性情温顺，人缘极好，因此很得前辈提携。她曾回忆说："一个人成功有主观因素，也有客观因素。如我学语言较快，比较听从导演指挥，同时注意到与同仁们的合作，拜众人为师，因此大家也都乐意帮助我，自是得益不少。有人说我之所以成为红星是因为我长得美。其实天赋条件是一个方面，能不能发挥自己的长处是很重要的一个方面。"由此可见，胡蝶的好人缘不是傻大姐式的"愚好"，她是真正明白好人缘的好处而刻意为之的。

一个女人过于理性，似乎不够天真烂漫，容易给人心机重的感觉，常常不为男子喜。其实不尽然。

我觉得，理性就是现实主义，而每个人看到的"现实"是不一样的，所以不同的理性有对生活不同的理解和应对。有的女人把感情看得很淡，把物质看得很重，这样的女人看到的现实就是物欲横流的现实，所以她会抱紧钱包，离开爱人；有的女人把未来的希望看得很淡，把当下的利益看得很重，这样的女人看到的现实就是没有明天的今天，所以她会放弃"潜力股"，只买"绩优股"。这两种"现实"之所以给人心机重的感觉，因为她忽略了情感，甚至利用和玩弄了他人的情感。

但是还有一种人，她的"现实"包含了平实的感情、稳定的生活、事业的追求和对未来的憧憬与规划。这样的现实实现起来确实也要费些心思，但那不是心机，这样的理性应该为人称道。和漫无边际的感性比起来，这样的理性更可贵。

胡蝶的理性就是这第三种理性。

胡蝶嫁给洋行职员潘有声，奠定了她幸福生活的基调。潘有声为人正派，收入稳定，且善于经营。抗战爆发后，上海沦陷，由于潘有声在香港早有准备，胡蝶随他一起迁居香港，躲过了第一场劫难。后来，香港沦陷，胡蝶夫妇又辗转回国，他们所有的积蓄三十箱财物尽失，胡蝶懊恼不已，潘有声安慰她说，你放心，我会负担所有生活的。

再后来，胡蝶被戴笠霸占，与潘有声分别两年，直到戴笠空难丧生才重逢，夫妻俩恩爱如初。

胡蝶没有像大部分女明星一样，嫁个权贵，或跟个情种，而是选择潘有声这样有担当、有气度的丈夫，足以说明胡蝶的智慧。她清楚地知道自己要什么样的生活，什么样的人可以给她想要的生活。

香港沦陷期间，日本人采取怀柔政策，多次上门邀请胡蝶赴日拍电影，名为《胡蝶游东京》。出于民族气节，胡蝶拒绝了，拒绝理由是怀孕息影。不但如此，她和丈夫、幼子联系游击队，长途跋涉，偷渡回了大陆。在大是大非面前，胡蝶不但知道做什么、不做什么，还知道怎么做，这很不简单，绝不是一般冲动的大脑可以比拟的。

回国以后，胡蝶不幸被戴笠看上，被霸占了两年。这期间的胡蝶委身于戴笠，但并没有曲意奉承戴笠，倒是常常思念丈夫，郁郁寡欢，搞得戴笠诚惶诚恐，一会儿给她造公馆，一会儿给她修花园，甚至说此生最大的愿望就是与胡蝶结为夫妻。要知道戴笠是杀人不眨眼的特务头子，尤以好色出名，让这样的老江湖迷恋到如此程度，好比把酒量很大的人灌醉，不是一般的本事。

我猜想，以戴笠阅人的经验，单纯的无知少女很快就会被玩厌，玩心机的女人又不是他的对手，一眼就被看穿，再坏的男人也希望和重感情、有分寸、有修养、有学识的女人在一起。所以，胡蝶很吸引他。他不惜一切代价，想得到她。胡蝶虽然千般不愿，但仍忍辱负重，与戴笠周旋两年，直至戴笠遇空难。胡蝶用时间战胜了这个强盗。

1946 年以后，胡蝶始终没有回大陆，又躲过了一劫。

理性的胡蝶之所以可爱，因为她从来没有丢失过情和爱。临行去香港前，她仍和著名影星陈燕燕一同去慰问在"八一三"事变中孤军奋战、坚守四行仓库的国军 88 师 524 团的孤营，表达对抗日将士的敬意，表现出对国家和民族的大爱。和戴笠在一起的两年，虽然戴笠在物质上极尽奢华地取悦她，可是她并未被金钱所诱惑，丈夫仍是她的最爱，她曾对潘有声说，戴笠可以霸占她的身体，但是她的心始终在丈夫那里。1975 年，胡蝶正式息影，和儿子媳妇一同生活在温哥华，安享子孙天伦之乐。

胡蝶临终时最后一句话说："蝴蝶要飞了。"这时候的胡蝶一定是安详的。八十一岁的老人说出如此浪漫的话，我想，她对自己的一生，是满意的。

韵冽眼光看胡蝶：

1. 乱世中的人，好像蚊香气味萦绕下的蚊子，呼吸困难，能活下来的，要体质特别好，感觉特别敏锐，行动力特别强，能飞能躲，最重要的，还要特别有活下去的勇气。

2. 胡蝶的好人缘不是傻大姐式的"愚好"，她是真正明白好人缘的好处而刻意为之的。

3. 理性就是现实主义，而每个人看到的"现实"是不一样的，所以不同的理性有对生活不同的理解和应对。

4、以戴笠阅人的经验，单纯的无知少女很快就会被玩厌，玩心机的女人又不是他的对手，一眼就被看穿，再坏的男人也希望和重感情、有分寸、有修养、有学识的女人在一起。

十八、梦露　少了两根肋骨的女人

《圣经》上说，上帝取下男人身上的一根肋骨，造成了女人。一直以为，取下肋骨这种荒唐事只有神话故事里有，当不得真，看了梦露的传记才知道，原来真有取下肋骨的人，而且还是两根。

去掉两根肋骨后的梦露性感无敌了，天然的丰胸翘臀，外加改良过的细腰、漂染过的金发，所有男人为之惊叹：完美而销魂的身体！

拥有这样身体的梦露很矛盾，一方面，她为自己的身体自豪，自信她无与伦比的肉体能激发男人的欲望，顺带燃起她自己的欲望——她是热切地盼望成功的。另一方面，她渐渐陷入无尽的自卑和不平中——很少有人对她身体以外的东西感兴趣。

早年美国电影中类似梦露这样金发丰满的女子通常被定义为头脑欠佳的傻瓜派。日渐成名的梦露越来越反感这点，努力希望改变大众的这一印象。她在纽约戏剧学校通过十四个月的训练大大提高了演技，随后，影片《公共汽车站》为她赢得了喝彩和某些印象的改观。

但是，我认为这种改观是暂时而无力的，因为，在电影公司老板和观众看来，梦露最大的价值显然在于她丰满而充满性欲暗示的身体，如果需要演技或其他什么，大可以在别的影星身上寻得。如同大学经济学基础课上说过的比较优势理论：国家 A 同时擅长生产钢铁和大米，国家 B 只擅长生产大米，从贸易和资源最优配置的角度来看，国家 A 应该单纯地生产钢铁，而国家 B 将完全生产大米。

因此，关于《埃及艳后》的女主角人选，二十世纪福克斯公司宁可支付高报酬给非签约演员伊丽莎白泰勒，却舍弃了自家的签约演员梦露。因为梦露被认为是最适合，也是仅适合生产肉欲电影的女明星。

梦露看来遭受了极度的不公平待遇，就演技本身而言，她确实可以胜任一些或复杂或知性的角色，而不仅仅靠暴露身体来吸引眼球。但是，最容易表演，也是最难表演的角色是自己的生活，在生活中，梦露始终没有摆脱胸大无脑的形象。

梦露是诱惑的。梦露的诱惑，一半来自她性感的身材，一半来自她纯真的眼睛。这样两种特质的结合让无数男人为之倾倒，这倾倒的男人中，有真心的、有虚荣的、有掌握权力的，也有掌握才华的。事实上，梦露与他们统统都有关系，但不幸的是，她不知道应该抓住谁而放开谁。

第二任丈夫棒球明星乔·迪马吉奥是个好人，很爱她，但是他们的婚姻只持续了很短时间。离婚后，梦露需要动手术，乔细心照顾她；梦露被关在精神病院受尽折磨，打电话向乔求救，他立马从佛罗里达飞赴纽约，将梦露从精神病院救出来。

细数起来，给过梦露真心帮助的男人很不少，包括好莱坞大股东翰尼·海德，他把梦露带入行，并费心思给她争取各种出镜机会；摄影师米尔顿·格林，他帮助梦露在种种困境中开办玛丽莲·梦露电影公司并获得不小的成功；记者罗伯特·斯莱泽，为了帮梦露交学费，他一边坚持写作，一边在业余时间里打短工，摘棉花、当侍者、装卸香蕉、做油井修建工……

而最后，梦露把感情寄托在了最不值得信任的人身上——风流成性、不负责任的总统肯尼迪先生，并且妄想替代杰奎琳，成为美国第一夫人。

很难想象，风靡世界的梦露不仅在感情上屡屡失意，在事业上也受尽其经纪公司——二十世纪福克斯公司的剥削。《埃及艳后》开拍的年代，伊丽莎白泰勒的片酬已高达一百万美元，而同等名气的梦露只能收取十万美元。真不知道梦露这个可爱的傻瓜是怎么混的——在相当多的领域，金钱的确是衡量价值的标准。

梦露最后的光芒当属为肯尼迪生日献歌。这个可怜的三十六岁女人花了一个多月的时间，让著名设计师为其量身定做了价值一万两千美元的礼服，打了镇静剂，神采飞扬地现身生日会，试图与总统夫人杰奎琳一决高低，结果是：杰奎琳压根没出现，而她自己，不但晚会后惨遭解雇，而且肯尼迪从此也拒绝再见她。

显而易见，风流虚荣的肯尼迪已经证明全世界最性感的女人与他有染，这已经足够，再发展下去，风流将变成下流——总统当然不会娶交际花为妻，从不深情的肯尼迪更不会。

其中一个可笑的情节是，梦露参加生日晚会前，恳请肯尼迪为她向公司请假，而肯尼迪并没有履约，这直接致使了梦露遭受解雇。

梦露一生都在为成功奔波，但是我不确定她的目标到底是什么。她曾经对朋友说，我想我需要一个男人、一个孩子、一个家庭。她分明有大把机会完成这样的生活，但是她仍然留恋好莱坞的浮光艳影，并没有与任何一个真心爱他的男人常相守。

纯粹追求金钱倒也不失为一种选择，但是显然，梦露在逐利方面不是很在行，如果不是的话，也不至于死后只有几十美元的现金遗产，仅够支付自己的丧葬费。

当然，梦露获得了极大的名气，不管是过去还是现在，梦露都是性感的象征，可是难道梦露的理想就是做个性感模特吗？我想不是的，如果是，她就不需要自卑，不需要磨炼演技，不需要对不能出演非性感角色而懊恼，也不需要靠大量镇静剂和麻醉品度过生活。

梦露是被动的，被动地在好莱坞的名利场前进，她被一种莫名的力量推动前进，走得踉踉跄跄，却不愿回头，甚至不愿停下脚步。数以千计的人从她身上获利，而她，就像一台莫名其妙转动的印钞机，自己一无所获。

梦露的被动是悲剧。因为，她付出了所有的辛苦，吃尽了所有的苦头，却看不到希望，事实上，根本没有希望。

比被动更可悲的是，梦露"主动"迎接这种被动追逐，比如自觉自愿去掉两根肋骨而成为性感的标榜。梦露曾经告诉朋友：只有成为别人，你才可以成功。可是，没有一个人愿意永远呆在另一个人的身体或灵魂里，想必这也是梦露精神分裂的一大原因。

有一种人，战术清晰，但战略迷茫，这样的人非常清楚地知道应该怎样做，却不明白为什么要这样做。不知道这样形容梦露是否合适。

韵冽眼光看梦露：

1. 另一方面，她渐渐陷入无尽的自卑和不平中——很少有人对她身体以外的东西感兴趣。

2. 最容易表演，也是最难表演的角色是自己的生活，在生活中，梦露始终没有摆脱胸大无脑的形象。

3. 梦露的诱惑，一半来自她性感的身材，一半来自她纯真的眼睛。

4. 梦露是被动的，被动地在好莱坞的名利场前进，她被一种莫名的力量推动前进，走得跟跟跄跄，却不愿回头，甚至不愿停下脚步。数以千计的人从她身上获利，而她，就像一台莫名其妙转动的印钞机，自己一无所获。

十九、可可香奈儿 "我不是真正的贵妇"

"我不是真正的贵妇"出自电影《可可香奈儿传》中的一句台词，情节是这样的：可可戴着自己最新设计的马球帽式礼帽，踢踏踢踏快步走下楼梯，她的情人马提安惊讶地望着她说："一个真正的贵妇不应该戴着这样的帽子到处招摇。"可可边戴手套边快步出门，她的回答从门外传来："我不是真正的贵妇，你有意见？""没有！"马提安紧张而快速地应承道，紧随其后。

这个情节，我个人认为是整部电影中最突出主人公性格的一个片段。可可香奈儿就是这样一个人，注重自我，直面非议。

和梦露一样，可可香奈儿很早就成了孤儿，母亲在她十二岁的时候就去世了，父亲对她和妹妹不管不顾，直接把她们送到了修道院。她在修道院长到十八岁，然后去一家裁缝店做工，晚上到酒吧唱歌，结识了第一个情人，马提安。马提安把她带入上流社交圈，结识贵族贵妇们，鉴赏珠宝、观看赛马、学打桌球、学打猎等等一切贵族爱好。

就这样，可可好像灰姑娘乘上了南瓜车，逐步踏入上流社会。"人往高处走"的过程中，不同的人，通常有三种表现。

第一种人，"攀了高枝"，一个劲地洗脱自己原来的样子，努力变成"上等人"。比如某些中国人去了西方国家，觉得外国比中国发达，什么都愿意学外国人，即使回到中国，也爱时不时地说几句外语，惯去西餐厅用刀叉吃饭，看电视都不兴看中文台，好像自己外文水平比中文还高。如果光是这形式上的模仿倒也罢了，更严重的是，有些人模仿上了瘾，活成了别人，好比梦露说的"只有做别人才能成功"，事实证明，一个人做别人是成功不了的。模仿终究是模仿，再像，也不是真的。况且，在这模仿的过程中，我就不信没有自卑，没有拘束。不是真的，始终别扭。

第二种人，受制于自己的某些局限性，走到一定高度就走不下去了。这样的例子就太多了。比如李自成，即使他坐上皇帝位子也要摔下来，为什么？大而化之，和大多数农民起义一样，得了富贵耐不住，迫不及待要享受，加之不会用人、没有轻重，自然长久不了。

第三种人，取其精华，去其糟粕，坚持自我。可可香奈儿就是这样一个完美的代表。踏入上流社会的可可，没有一味模仿贵妇的生活方式，这样不但平庸，而且更易捉襟见肘——速成的贵妇哪能和真正的贵妇比。

她自己设计衣帽，分别采用男装和女装各自的优势，既利用男装的干练和洒脱，又不失女性的妩媚和娇柔，两性优势合二为一，经久不衰。

可可香奈儿不是传统意义上的贵妇，但她的真我个性和事业上的巨大成功，很大程度上让她成为了贵妇标准的制定者，可以说，她跳过了"运动员"阶段，直接取得了"裁判"资格。

可爱的可可是不屑于扮演一个贵妇的，因为她自己，比一个普通意义上的贵妇珍贵得多。当一个人不屑地抛弃什么的时候，一定是因为她自信，她有更好的。可可的这种自信对于一个出身底层阶级的人来说，尤其难得——通常，条件优越的人才更自信更自我；这对于一个出生在 19 世纪末的欧洲女人来说，更加难得——比她晚生几十年，美国的梦露小姐，还一个劲去肋骨而细腰，以取悦男性社会的主流眼光呢。孰高孰低，立见分晓。

电影里还有一个可爱的情节：可可首次与情人马提安和他的众多贵族朋友们一起晚宴，晚宴很正式，刀叉盘子一大堆，可可从未经历，不知从何入手。前后左右的贵族小姐太太们纷纷小声嘲笑她。这时，可可略带高声地对身边的情人马提安说，你的朋友们真容易逗乐，我一拿叉子，他们就高兴地笑起来了。可可的反应博得贵族朋友们的刮目相看，大家都说，这个姑娘挺有意思的，谁也不敢轻易小瞧她了。

"不是真正的贵妇"，"你的朋友们真容易逗乐"，可可的自信，透着坚韧和坦荡，显得更有底气。可可的自信，让那些揶揄和嘲笑她的人，立刻失了贵族的光彩。

让"真正的贵妇们"顷刻失去光彩的可可，可不是贵妇中的贵妇？

有一句广告词叫做"经常被模仿，从未被超越"，可可告诉我们：只有放弃模仿，才有可能超越。

韵冽眼光看香奈儿：

1. 事实证明，一个人做别人是成功不了的。

2. 可可香奈儿不是传统意义上的贵妇，但她的真我个性和事业上的巨大成功，很大程度上让她成为了贵妇标准的制定者，可以说，她跳过了"运动员"阶段，直接取得了"裁判"资格。

3. 当一个人不屑地抛弃什么的时候，一定是因为她自信，她有更好的。

4. 只有放弃模仿，才有可能超越。

二十、杜拉斯　超越之美

第一次看《情人》的时候，我和女主人公年纪相仿，十四五岁。电影看得不是很完整，因为每当情色镜头出现时，妈妈就遮住我的眼睛，而对于这部电影，如果错过这些暴露镜头，情节根本连不起来。因此，我看得懵里懵懂，不以为然。出影院的时候，只见观众们大多脸红心跳的样子，细声议论不断，当然好评居多。

多年以后，我自己买了影碟补看完整，总算了了心愿，但仍有小小不满和遗憾——错过了那个年龄，欣赏的感受应该是不一样的吧。

电影《情人》由杜拉斯的自传体小说改编，讲述一个出生在殖民地的法国女孩子与中国富家子弟之间的情欲故事。

在我还不能被允许看暴露镜头的年纪，杜拉斯已经拥有了自己的第一位情人。电影中，她用大量唯美的性爱镜头俘获了全世界人民的心——自《情人》之后，杜拉斯才真正享誉全球，成为法国当代最著名的女作家。

我的意思当然不是说杜拉斯是靠身体写作的女作家，而她对生活的特殊体验和勇敢暴露，的确是决定她艺术成就的要素之一。更重要的因素是，不管经历了什么，她始终以凌驾于生活之上的姿态生活和写作，这种超越性让她的作品摆脱了普通女作家的戚戚哀哀和小圈子生活描述的兜兜转转。

杜拉斯的魅力，在于她超越了很多。

她超越了年龄。她曾经对最亲密的女友说："真奇怪，你考虑年龄，我从来不想它。年龄不重要。"

如同电影描写的，她十五岁时遇见第一个情人。这个年纪，谈场青涩的精神初恋马马虎虎还可以理解，但她的同名小说讲得很明白，在这场关系中，她和她的情人充分享受了性爱的快感。这恋爱，或者说爱情，发生得情欲迷离、欲仙欲死。而这一切对于十五岁的杜拉斯，似乎到来得并不突然。小说里描述，在遇见中国情人前的很多天，女主人公已经为自己戴上风情万种的帽子，穿上高跟鞋，敷了粉，擦上胭脂，天天乘坐轮渡，引来无数人的侧目和注视。也许，这个邂逅，正是杜拉斯内心期望的，这个中国情人，正是她愿望的到来。

迷人的杜拉斯七十岁的时候与不到三十岁的大学生建立情人关系，直至八十二岁去世。当然，如今也不乏老年富婆包养小白脸的新闻，显而易见，杜拉斯不属于这个范畴。年轻的大学生杨就读哲学系，是杜拉斯的热情崇拜者，他陪伴杜拉斯十二年，成为她的秘书、司机、保姆，甚至出气筒，但是始终不曾离开杜拉斯，貌似离开了就活不下去了，可见迷恋之程度。

杨振宁博士八十二岁迎娶二十八岁太太的时候，许许多多人感叹：男人，只要有本事，什么年纪都可以娶到年轻老婆。杜拉斯，给了我们相反的信心。

简单的早熟和所谓的放荡显然不足以描述丰富的杜拉斯。成年后的杜拉斯离过几次婚，生育过孩子，数十年时间同时与两位以上男子发生亲密关系——这些男子互相知晓并和睦相处。这样的杜拉斯，至少用中国人的眼光看，超越了性别。

中国有个通俗的比喻：男人是茶壶，女人是茶杯，一个茶壶可以有几个茶杯，但一个茶杯只能有一个茶壶。这个比喻的逻辑当然是非常荒谬的，但也现实，长期的封建社会，导致大部分中国男人渴望一夫多妻，最关键的，众多妻子一定要和睦相处才算美满。

有史以来，最强悍的女权主义也只是倡导男女平等和一夫一妻制，依照矫枉必须过正的原理，杜拉斯才算彻底的女权主义——自己做茶壶。

当年龄和性别这样纯物理的特质都能被超越时，其他因素显得更加微不足道。

杜拉斯的政治倾向一向模糊，她之前加入过法国共产党，被开除出党后，仍自称共产党员；她与纳粹也有些关系，似乎有个纳粹情人；她从 1955 年起反对继续进行阿尔及利亚战争，后又反对戴高乐政权。我猜，她是根本无所谓自己的政治属性的，她只做自己感兴趣、认为正确的事。

如此种种。

对各种约束和制约不屑一顾的杜拉斯，超越了作为某一特定年龄的、某种政治倾向的、女人的等等特性后，拥有了和伟大男性作家一样的视野和经验——不可否认，男性作家大多拥有和她一样的"丰富"生活。因此，她取得了和他们一样的成就，甚至更高。

成功，即使不能站在巨人的肩膀上，起码，也要站在一条起跑线上。

韵冽眼光看杜拉斯：

1. 她曾经对最亲密的女友说："真奇怪，你考虑年龄，我从来不想它。年龄不重要。"

2. 杨振宁博士八十二岁迎娶二十八岁太太的时候，许许多多人感叹：男人，只要有本事，什么年纪都可以娶到年轻老婆。杜拉斯，给了我们相反的信心。

3. 当年龄和性别这样纯物理的特质都能被超越时，其他因素显得更加微不足道。

4. 成功，即使不能站在巨人的肩膀上，起码，也要站在一条起跑线上。

1988 年夏天　新疆

那是我第一次坐飞机，出远门。上海到新疆，飞行时间四个半小时。当时我五岁左右，记忆很模糊了，依稀记得几个片段：

1. 飞机上的东西很好吃，比家里的饭还好吃；乘客每人发一份礼品，很好看的丝巾。

2. 新疆的西瓜真的很甜很甜，即使白瓤的，卖相不好看，吃起来还是一样好。

3. 住在旅馆里，同屋的有一个维吾尔族人，晚上睡觉的时候脚上还挂着刀。

4. 有一种汽水酒很好喝，我平生第一次，也是唯一一次喝醉了，晕乎乎地在沙发上睡了很久，不知道那是什么酒，后来从未再喝过。

5. 妈妈和朋友外出办事，把我和另外一个年纪相仿的孩子放在酒店让服务员看管，我有些无聊，也有些害怕，为了打消自己的负面情绪，我主动给服务员们跳舞唱歌（其实我很不擅长），逗得她们很开心，买糖给我吃，一个劲地夸我。妈妈回来后，服务员阿姨们纷纷表扬我，妈妈很满意，导致的后果是，她认为我独立能力很强，以后就经常把我一个人放在家里。后来，我的独立能力真的好像比同龄人强一些。

小时候的记忆很抽象，模糊的情节经过多年的改造式记忆和旁人的添油加醋，仿佛成了自己说给自己听的故事，童年的美好，大抵就是这样来的。

1991 年　　我和妈妈在常熟

照片摄于 1991 年。我家自 1992 年开始经商，也就是说，这是从商前的最后一年。经商前我父母工作很好，都在省电台做记者，无论是收入还是社会地位，都算高的。照片上的妈妈看起来已经很时髦，那时候穿套装的人很少，她在公园走远，很多人驻足看她。

在爸爸妈妈的同事中，他们俩是第一对经商的，从小饭店、电影院、理发店、气模厂，一路开到广告公司，干了将近二十年。开饭店的时候，他们的同事都不理解：工作这么好，又轻松，何必去吃那种苦，小饭店的年收入也就跟记者差不多。但是，量变到质变，昔日的好工作逐步衰落，如今已经成了鸡肋；而小饭店的老板娘现在意气风发，正在温哥华度假。

生活永远处在通胀中。今天的美好生活要保持下去，非得继续努力不可。

1994 年春天　我和表弟们

此照摄于无锡锡惠公园，坐在我前面的漂亮小男孩是我舅舅的儿子，坐在我后面的是我舅舅的儿子的舅舅的儿子，他们年龄相仿、关系亲密，经常来我家玩。

当年，我家住在惠山脚下，锡惠公园近在咫尺，可是我去得很少，倒是舅舅一家，住在三十公里以外，每周都会带着弟弟去公园玩。

对于大部分孩子来说，周末和爸爸妈妈游公园是开心的事，可我弟弟不这么想。当时，我舅舅在一家乡镇企业做厂长，乡镇企业统一归无锡县经委管，要当稳厂长，办好企业，不但需要企业自身管理得当，市场营销力强，更需要和领导搞好关系。用我弟弟的话说，舅舅周末不是陪他逛公园，就是在家拖地板，不花时间跟领导搞关系，厂长肯定做不好。

弟弟说这话的时候，才八九岁，而我舅舅已经四十多岁了。弟弟其他地方都看不出早熟的迹象，唯独这方面，显得比他爸老道很多。其实也不奇怪，舅舅小时候的环境单纯得只有吃饱穿暖，而弟弟出生的时候，已经改革开放，政治经济、人情世故都比过去复杂得多，即使是小孩子，冷眼旁观，也学了个大概。倒是舅舅，早已成年定型，难以"进步"，没几年后，果然被调离至一个小厂当副厂长。

往后发展，比弟弟更年轻的 90 后，普遍比 80 后更现实、更利益化，连我这个 1983 年生的仿佛都成了"老人"，对他们很多地方不敢苟同。想来也是落后了。

1995 年夏天　无锡前洲镇

十二岁的我已经上班了。这张照片拍摄于无锡前洲镇一个公园内，当时我父母在那里开电影院，假期我就在电影院帮忙。我家的电影院很有创意，放映厅内设有吧台，我就当"吧女"，卖茶水和小食品。不知道为什么，这张照片看起来我还很小，当时我分明觉得自己已经很大了，来的客人好像也没把我当童工。有一个客人给我印象很深，他只是来买一杯茶，五块钱，给了我二十块钱，结果我没找他，又卖给他一些话梅牛肉干什么的。他说我小小年纪很厉害，我当时是有几分得意的：把别人不想要的东西卖给他才算本事。赵本山创作的小品《卖拐》跟我那时的情节也是异曲同工。当然，这些雕虫小技是不足以成大事的，但是对于当年还在少年期的我实在称得上是一种鼓励，为此，我一直很怀念这位友善的客人。

1996 年 5 月 30 日　临近小学毕业

这张照片摄于六一儿童节前日，我的最后一个儿童节。小学毕业后，理论上就不是儿童了。

当儿童那会儿，我不喜欢当儿童。当儿童有很多不方便，比如，舞厅、赌场不能去，旅游不能单独出行；跟大人谈事不容易被重视，"童言无忌"的潜台词就是小孩说话不算话；不能工作，童工是不合法的，不能工作就没有收入，没有收入就只能"寄生"，当然爸爸妈妈很愿意被我"寄生"，但是经济权决定发言权，所以儿童期基本还是没有决策权的，最多只有建议权。

总之，儿童少了很多权利，这很让人不爽。

大部分人对童年抱以美好怀恋，惯常将纯洁、善良、天真、烂漫之类的词和童年画等号，好像长大了就不可以纯洁、善良、天真、烂漫了。而我觉得，现在比儿童期更好，因为我更自由了，可以任意选择干什么、生活在哪里、和谁生活在一起，至于这些童年的"优势"，长大了也可以保留嘛，事实上，我现在比儿童期更有童心了，小时候是小大人，现在成了大小人。

童年最珍贵的东西是友谊，童年的伙伴有机会成为一生的朋友，而成年时交的朋友最多只能是半生的朋友了。照片上的四个同学发展都不错，也有联系，虽不常见面，可每次见面总是分外高兴。

绿色旗袍

这张照片蛮有意义的。

背景是我很久以前的家，上世纪 80 年代中期到 90 年代末我和爸爸妈妈都住在那里，算是我比较重要的"故居"。我记得，房子装修的时候我五六岁，那时候装修工人顿顿由主人管饭。有一次，我父母都不在家，我做主带着一帮工人去酒店吃饭，一个小孩管十几个大人吃饭，场面很奇特。

照片中的旗袍由我外婆手工缝制，是妈妈的旧衣，穿在十三岁的我身上，倒也合适。可见，年轻时候的妈妈很是苗条可人。

穿着旗袍的我看起来故作淑女，回想起来，那个年纪的我确是这样的心态：觉得自己已经长得足够大，不会再长了。现在看来，那时的我究竟难掩青涩，忸怩的姿态很是好笑。

我家附近的景致

我家一直住在水边。以前住在运河边，现在住在太湖边，水面越来越大，离城越来越远。爸爸是个浪漫主义者，以前单位分配房子的时候，有两个选择，一是中山路（无锡市中心），二是小外滩（运河边，属于三类地区），当时没有商品房的价格概念，单纯为居住，大部分人都选择离城方便的地方住，唯独他把风景看得重，执意住在运河边，风景是好，有水、有树、有花，只是很不方便，菜场、医院、学校都很远，我每天上学要走半个多小时到公交车站，下车还要走半个小时才能到学校。

房改的时候，市中心的房子属于一类地段，运河边的房子属于三类地段，同样面积差了二十多万元。

后来，我们搬家，搬到太湖边，离城更远，开车要三十多分钟。不过，这个房子倒是占了便宜——城市建设朝湖边发展，现在太湖边的房子比市区涨得快，价格高很多。

爸爸得意地说，存在的未必合理，合理的一定会存在。风景的价值是无限的，远胜于一些所谓的方便，湖边河边的房子一定比闹市区的房子好。

听起来颇有道理。郭沫若在太湖边的鼋头渚题词：风景这边独好。

1998 年 7 月　澳洲

1998 年，我第一次出国。学校奖励我四千美元奖学金，送我去澳大利亚交流学习一个半月。当时我初二，英文水平很一般，住在当地人家中，居然也能和他们顺利交流，上课也能听个半懂，信心增加不少。

2000 年 10 月 奥克兰

这是我到奥克兰读书时和第一个房东的合影。老太太是澳大利亚人，退休后移居到新西兰生活，旁边两个是她的外孙女。

她告诉我，她的家具全部是以前在澳大利亚时用的，移民时，用集装箱整体运到新西兰。需要补充的是，运输费用不低。比较经济的做法是，在澳大利亚把家具卖掉，到新西兰买新的或者二手家具，质量不会差，还省了运费和工夫。但是我发现，很多外国人不选择这种经济的方法，他们搬家很频繁，但是家具都是跟着人走的。

这和中国人不同。中国人也有把旧家具搬进新家的，但大多是为了省钱，少有人费钱用旧货的。

这点我比较接近西方人，东西用久了，似乎是自己的一部分，轻易不愿换。真正适合自己、为自己需要的品种并不多，无谓的更新没有必要。

2000 年至 2004 年　新西兰生活片段

前几天，与同为留学生的中学同学聊天，比较起西方各国的留学环境。他说，美国最好，社会奋斗氛围浓，美国留学生普遍比较进取；加拿大、瑞士、英国其次，这些国家法制化程度高，小留学生不容易"乱来"；澳大利亚、新西兰最差，因为法制宽松、娼妓合法，所以在澳洲的留学生有一些差劲得离谱，男嫖女娼不在少数。欧洲的其他国家不以英语为第一语言，留学生数量不多，不在讨论范围。

我承认他说的是现状。但是让我选，我选择在澳洲读书。我小时候就记住了外婆的一句话：上等人，自成人；中等人，教成人；下等人，教不成人。氛围、法制都是对中等人有用的东西，他们需要教化才能进步；而上等人，进步不需要靠外界的力量，他们自己，就有足够的理想和定力。对于上等人来说，越宽松的环境，越能自由选择和发挥，而制度化的管束必然压抑他们的发展。所以说，孔子只能产生于混乱的春秋，而不能产生于法制健全的当下，不管是美国还是中国。

况且，澳洲不光有娼妓，还有其他。以奥克兰为例：奥大全球排名在清华、北大之上；有郁葱葱的"一树山"可以让人留恋一整个下午；

冬天的奥克兰不低于零摄氏度，可开出三百公里就有雪山，尽享滑雪、打雪仗的乐趣；新西兰进口车免关税，全球新车总是第一时间在奥克兰面市……

在一个有很多选择的地方，必然有人选到最好的，有人选到最不好的；但是在一个没有选择的地方，肯定没有人能选到最好的。

顺便说一句，娼妓合法化在全球范围内被认为是人性和自由的标准，德国、荷兰娼妓完全合法，法国在历经争议后，近年也合法了。法国人为之欢呼：这是法国人民的胜利。

我在新西兰的车

这辆二手的吉普车我开了很久，小排量，很省油。新西兰的路面坡陡，开这种小排量的手动挡很有些难度，会开的人不多，所以买来挺便宜的。买的时候我还不会开车，硬着头皮学了几天，就晃晃悠悠上路了。现在我的开车水平比大部分女生好，尤其是上坡，手动挡都不用拉手刹的。

这辆车不但陪我上学，还陪我接客。那时候我家开广告公司，妈妈常常陪客户来新西兰旅游，我是地陪司机，接待了不少客户。泰州光芒集团、无锡太湖锅炉等著名企业的老板由此对我印象深刻，客户变朋友，跟我结下忘年交，直到现在一直很关照我。

奥克兰大学

整个奥克兰大学没有围墙，坐落在奥克兰市中心，很多幢教学楼分散于主干道两侧，单独看起来都不像学校，组合起来看，倒很协调。

我从小就向往"大隐隐于市"的感觉，很幸运，我的大学就在新西兰最繁华城市的城中心。通常名牌大学总是在一个静谧的地方，有自己独立的氛围和气质，而奥大的气质和氛围是和整个奥克兰融为一体的。

课间的时候，可以结伴同学逛街吃饭，很是惬意。在奥大读书，不寂寞；在奥大读书，要耐得住繁华。

奥克兰鸟岛

新西兰的生态环境非常好，奥克兰出城四十分钟就到了鸟岛，那里的鸟多得很有气势，我站在不远处，常有暗暗的心惊：如果它们一起飞过来，我怕是要被它们吃掉的。

在新西兰，常有动物比人强的体会。

一对中国留学生，带着他们的宠物狗去度假，狗中途生病，他们没有及时返城带狗看病，结果狗病死了。不知什么原因，这个事被老外邻居知道后举报了，结果当局决定把这对留学生遣返回国，后来打官司打了好久，最终也不知道有没有留下来。

不禁感叹，狗权比人权还大。最根本的原因是，新西兰人对生命极其重视，他们对狗尚且如此，何况人乎。如此想来，也就释然了。珍惜生命，与大自然的万物和平相处总是悲悯之道。我这样的马虎之人只得少养生物，管好自己为上。

2001 年　妈妈在新西兰

妈妈身穿澳洲羊毛衫，身处全世界羊最多的国家——新西兰，人与自然尤其和谐，笑得特别灿烂。

2002 年　香港

从奥克兰回国没有直航，转机香港，顺道旅游三天。

香港是亚洲的金融中心、贸易中心、时尚中心，这些，都不是我向往香港的理由。事实上，我并不太喜欢香港，太挤、太忙、太现实。

往返香港岛和九龙岛的天星小轮是香港的世外桃源。船很朴素，是很老式的那种轮渡船；很干净、很安静，香港人文明程度还是相当高的；很悠闲、很美，在缓缓前进的轮船上看港湾四周的城市风景，身临其境，又身在其外。

天星小轮和整个香港的氛围是对立的：老式对时尚，廉价对奢侈，安静对喧哗。

天星小轮在香港存在很多年了，照样子还将继续存在下去。从这点上，我对香港刮目相看，能保留这样的美好，需要有同样美好和成熟的内心。相较香港，大陆的许多城市一旦发展起来，就把老旧的东西一网打尽。小时候，无锡有三轮车，现在禁止了；最近一两年，为了环境整治，连书报亭都拆光了。

忆香港，最忆是天星小轮。此照摄于码头前，拍照时为了自己多看一眼维多利亚港，只得让城市做背景，实在落俗。

2006 年 1 月 日本

日本去得匆忙，并没有深入了解，有几个场景倒是印象特别深：

1. 在东京，市中心某个地方有一片空地，周围高楼林立，只有这块地空着，也许等待开发，也许其他原因不得而知。空地并不闲置，干什么呢，种着许多花。这花不是仅供观赏的，还是可以卖的。一块地被简单围起来，围栏口站个收费的人，买花人自己进去摘，摘多少付多少钱。在城中心摘花别有情趣，好像把乡村生活片段剪接在城市中，恍惚间，仿佛世外桃源，采花人脸上分明就是这样的烂漫表情。

2. 日本人真的很安静，无论多小的孩子，哪怕是婴儿，都没有在公共场所大哭大闹的，四五岁的孩子吃完饭自己收拾桌子，然后安静地在一旁等候父母吃完一起走。

3. 照片上的背景是歌舞伎町，日本著名的声色场所集中地，大部分国家和城市类似这样的地方都是形象鲜明的：比如专卖一些成人用品，大多晚上灯红酒绿，白天萧条寒酸，好像专上夜班的小姐，白天脸色惨白见不得阳光。歌舞伎町却是繁华的商业一条街，各种服装电器应有尽有，旅游团把客人放在这里，基本大半天不用管。

日本很有趣：城市中有郊外的景色，孩子们有成年人的约束力，夜店
居然还能开成日店。真想再去日本，发现更多的秘密。

2006 年 10 月　丽江

丽江真的是一个有灵性的地方，我有好几个朋友，和初交的伴侣去丽江游玩回来后就结婚了。想来，丽江是一个可以让人冲动的地方。

正是带着这样的好奇，我去了丽江。

我住在一家旅馆里，老板据说是一个深圳的房地产商，来到丽江后被这里纯净的山水天地人文打动，买下这处院落，做起了小旅馆生意。丽江的商业基本就是这样发展起来的——发达地区的人来这里开旅馆、开酒吧、开饭店，不为赚钱，只是为了有理由在这里打发展光。

街上有不少不成名的艺术从业者，画画的、写字的、卖手工制品的，干什么的都有。他们不约而同，都是在偶尔游历丽江后决意留下的。统统这些，给丽江着上了别样的色彩，越发让人着迷。

城市发达了，经济发展了，城里人现实了，不容易冲动了，但心底里，倒是比以前更希望被刺激、被感动。

所以近几年，丽江越来越火，来的人越来越多，慢慢地，丽江变成了又一个繁忙的、千篇一律的城市。慢慢地，各色老板又返回了各自的城市，做起了原来的生意；真正的艺术爱好者也走了，换来了卖旅游纪念品的买卖人；去结婚的人少了，艳遇的人多了。

丽江，起先让人不自觉冲动，后来让人寻找冲动。冲动，是可遇不可求的，当费心寻找时，大体已经不存在了。

2006 年 8 月　杭州莫干山

这张照片摄于杭州莫干山。毛泽东曾在这里短暂停留。站在如此意境悠远的地方，精神陡然一振，浮华散去大半，人顷刻间显得恬静起来。自觉比较满意的一张。

2008 年　菲律宾

菲律宾前后去了两次，感受大异。

第一次去得很盲目，人生地不熟，被宰得不成样。从酒店到商场，去时由酒店门童送上出租车，司机一本正经拿出一本价目表，收费四十美金；回来时和当地人一起排队等出租，打表计程，同样的路程花费约二十元人民币。中国 20 世纪 80 年代初期也有出租车宰客的情况，但是没有宰得这么离谱，而且"名正言顺"——黑车一律停在五星级酒店和机场门口，均由酒店和机场服务员"指导"乘坐。总之，吃喝玩乐，没有一样不挨宰的。

第二次去时由当地朋友陪同，情形大不一样。海鲜吃得又好又便宜；那里的鲜榨芒果汁是我这辈子吃到最好的；酒店也很好，有熟人打折，索菲特才一千多一天。离开马尼拉，往不知名的岛上去，气候宜人，民风淳朴，很是优哉。那个岛上的姑娘们，完全不是想象中的不开化，她们虽然读书不多，但是姿态优雅，帮我们上菜的时候还屈屈腿，微笑，做欧洲宫廷礼仪状，我们都有点受宠若惊的感觉。

菲律宾社会乱是乱些，贫民区和富人区条件差距甚远，但是那里的人"杀生不杀熟"，所以久居在那里的中国人大多很惬意。

菲律宾经常听说发生政变，我以为社会很混乱、很恐怖。一看，似乎不是那么回事。当地中国人介绍说，菲律宾的政变一点都不血腥，经常有人在香格里拉酒店前的广场上宣布谁把谁给政变了，没有杀戮、没有监禁，过几天，常常又政变回来。好像小孩玩过家家一样。

我想，政治斗争总是辛苦而危险的，菲律宾的政客们也一定不轻松。但是至少从新闻上来看，菲律宾确实没有政变后的大规模清洗，难道他们的政变真的比其他国家更文明？

不知道这与他们的"杀生不杀熟"有没有关系。

2008 年初夏　温哥华

温哥华到维多利亚的游船上，爸爸和我。

这个时节的温哥华是最美的时候。维多利亚岛上的郁金香满园盛开，春光无限好！和中国的春天相比，加拿大的春天似乎更有力一些。相较中国，加拿大的杜鹃花、樱花、郁金香花瓣更有韧性，花期也更长些；那里的阳光比中国的更有穿透力，刺眼得多。

2008 年冬天　梅园

无锡梅园原是荣德生先生的私宅，解放后捐给国家，成了开放的公园。荣家是解放前后中国最大的民族资本家，第二代荣毅仁当过好些年国家副主席。荣毅仁在任的时候我还小，不太懂政治，但很喜欢在电视上看到他，雪白的头发，一身得体的白西装，十分儒雅的样子，从此，我对优秀男士的审美标准基本定格在荣毅仁那个类型。看传记，荣毅仁个人生活非常简朴，衣服都穿十多年，但洗烫得很整洁，朴素中的高贵更让人仰视。

梅园也有几分这样的气质。梅花香自苦寒来，梅花本身就象征着高洁朴素，满园梅花盛开时，煞是好看，更有一种让人心静而喜的感觉。梅园内的建筑也是古朴而实用的，荣德生先生的厢房现在开放展览无锡棉纺织的发展史，同时也是荣家的发展史，其中有一段介绍很有意思：当时荣德生先生就向政府提议，无锡应该围绕太湖建设。这个建议最近几年才被实施，大见成效，感叹荣先生先见之明。

早春赏梅是我家的传统节目，2008 年照相留念。

2009 年 10 月　奥克兰

新西兰是我生活了四年的地方，我在那里度过了十七岁至二十一岁，我对她的感情难以描述。自 2004 年底回国后，我经常回忆起她，总想着再回去看看，2009 年底终于成行。

2009 年的奥克兰，完全是记忆中的样子。整个奥克兰，有点老，有点旧，但是很舒服，舒服到让人不知道还能从哪里改善。

奥克兰北岸有一家酒店，别墅式的，房间不多，价格是普通五星级酒店的五至八倍。听起来很不可思议，它看起来一点也不豪华，但是如果你真的是一个注重享受的人，会觉得这里真的比五星级酒店舒服很多。光顾这里的一般是欧洲人的"老克勒"，一住就是一两个礼拜，真正把酒店当家来住。酒店有几大特色：套房里全部配有钢琴；所有餐桌上天天换有新鲜的兰花，价格不菲；每到夜晚，蜡烛从门口一路点到餐厅、走廊、吧台，基本替代了灯光。我的同学做蜡烛生意，专门向这家酒店供货，他说，这个别墅一天的蜡烛用量超过一家标准五星级酒店一周的蜡烛用量。

新西兰是一个不喜欢改变的国家，二战之后，它曾经是西方最富裕的国家之一，目前已经滑落到发达国家的最后几名，但是新西兰人毫不介意，他们就是喜欢这样的新西兰。科技落后一点没关系，金融落后一点也没关系，只要天还是那样的天，草地还是那样的草地，飞鸟还是那样的飞鸟，牛羊还是那样的牛羊。

我也是念旧的，所以我爱新西兰。五年后重返奥克兰，以前经常光顾的店大多还在，甚至霓虹灯还是原来的样子，连店里的餐牌都不曾换过。

经常有人说，新西兰是最后的天堂。我也以为是。不幸的是，我骨子里还是中国人，中国人的"进取心"让我无法一辈子享受天堂的安逸，所以我选择回国创业，让新西兰这个天堂存在于我的梦中。

2010 年 3 月　迪拜

以前听说迪拜是全球的拜金地，领教过春节三亚的房价后，觉得迪拜也就是一个中产阶级水平。

迪拜以高楼大厦出名，名不虚传。迪拜的楼不仅高，而且多，而且造型奇怪，建造难度大，因为在沙漠上造，成本高得离谱。这样的自然环境，发展成如今这个模样，真是奇迹。

去之前听新闻说，迪拜遭遇金融危机，貌似快不行了，其实不是那么回事。金融危机确实造成了一些影响，但只是让他们的发展速度减慢了一些——他们原本的在建项目比中国发展最快的城市还要多，无数的大楼正在同时施工。

迪拜是阿联酋的第二大宗主国，他们的制度很有趣。用不太规范的说法描述，大概是这样的：他们的国王是在一个家族中产生的，但是不同于我们封建社会的父传子，而是可以在兄弟、叔侄等等关系中任意产生的。家族有一个类似长老会一样的组织，根据国王提名，决策下一任国王的人选。区别于西方国家的议会制，这个长老会一样的组织只负责国王的任命，不管任何其他的国家事务，国王具有绝对的权力。

咖啡加伴侣，民主加独裁。这样的制度看起来效果不错，政府没有严重的腐败浪费（浪费的是自家的钱嘛），国王不至于昏庸无度（也是经过选拔和锻炼的嘛），老百姓安居乐业（好国王对老百姓都是不错的）。民主制度下的国家通常决策很慢、众口难调、不断投票，相较之下，迪拜的独裁优势充分显现：建成全世界最豪华的酒店、最大的商场，中东金融中心等。不同于纯封建社会中一些皇帝的好大喜功、自家摆阔，迪拜的发展吸引了全球的资金，它的发展是全球化的，也是基本良性的。

制度是第一生产力，迪拜现象值得研究。

2010 年春节　三亚

三亚我从未去过，也从未想过要去。想象中的三亚无非是个海滨城市，阳光海滩，这样的城市国外很多，我以前上学的新西兰、加拿大随处可见，想来三亚不会有什么独到之处。

今年春节，听说三亚的酒店房价炒到每天一万多元，实在难以置信，好奇心被大大激发，正好友人同行，在三亚住了四天。

身临其境，三亚是个好地方。我无意为三亚的高房价推波助澜，只是主观地说说我认为的好。

三亚的风景不是全世界最好的，但是在中国算是好的。三亚的饮食在中国不算是最好的，但是和全球范围的海滨城市比起来是最好的，至少是最配中国人胃口的。三亚的五星级酒店客房水平接近全世界最好的。

照片背景是三亚一家比较好的酒店。很安静，有私家海滩；很舒适，可以随躺随卧，但是不见太多的奢华布置，正是我最喜欢的风格；在三亚旅游的人 99% 是纯度假，不比杭州这样的旅游商务城市，谈生意的人比看风景的人多，三亚的休闲氛围更浓。

风景、饮食、住宿、休闲氛围，三亚综合平均分第一。最适合的才是最好的。我主观地认为，对于中国人来说（适应西方生活的中国人不算），比如我，三亚是最好的度假地。如果让我在一个风景如画的地方呆着，长时间看陌生的文字，和语言不通的人相处，吃不习惯的饭菜，我觉得是受罪不是度假。

除去春节的炒作因素，三亚的酒店价格并不高，值得一去，再去。

写真

我惯以素颜真面目示人，所以这些名为"写真"的带妆照其实是"写
假"。真面目看得久了，难免视觉疲劳，因此每一两年拍些写真，换
换口味，免得厌倦自己。